食品安全消费常识丛书

畜禽水产品及其制品
选购消费知识

湖南省食品质量监督检验研究院　编写

总　主　编◎王芳斌

本册主编◎向　俊

CIS Ｋ 湖南科学技术出版社

前　言

"民以食为天，食以安为先"，人们对美好生活的追求离不开安全而健康的食品。为了帮助广大消费者提高食品安全意识，增长食品安全消费常识，湖南省食品质量监督检验研究院组织相关专业技术人员在参阅了大量的有关书籍和资料的基础上编写了《食品安全消费常识》系列丛书。

本册丛书为畜禽水产品及其制品选购消费知识。该书从食品的定义、分类知识开始，系统地讲解了畜禽水产品及其制品的选购、消费、储运、污染源分析、消费风险提示等方面知识，并对食品存在的一些谣言进行了较为专业的解析，供大家参考。

本书的编写由湖南省食品质量监督检验研究院食品检验检测专家和技术骨干完成，具体分工如下：第一章由刘赛编写，第二章由邹桥（第一、二、三、四节）与邓雪盈（第五、六节）编写，第三章由荆辉华（第一、二、三、四节）与王伟毛（第五、六节）编写，第四章由陈理编写，第五章由张新编写，第六章由戴璇编写，第七章由黄斌（第一、二、三、四节）与向俊（第五、六节）编写，第八章由赵红清（第一、二、三、四、五节）与康绍英（第六节）编写，第九章由李宏（第一、二、三、四、五节）与胡雄（第六节）编写，第十章由成乐为编写，第十一章由唐万里编写。

　　本书在编写过程中参阅了一些书籍和资料，在此对相关作者表示诚挚的感谢。因编写时间紧张，加之编者水平有限，难免有疏漏和错误之处，敬请广大读者在阅读和使用中多提宝贵意见。

编　者

2019 年 5 月

C目录
Contents

第一章　食品分类

第一节　概　述

1．食品的定义：食品是指各种供人食用或者饮用的成品和原料以及按照传统既是食品又是中药材的物品，但是不包括以治疗为目的的物品。

2．食品的功能：食品对人体的作用主要有两大方面，即营养功能和感官功能，有的食品还具有调节作用。

第二节　食品分类

根据原国家食品药品监督管理总局关于公布食品生产许可分类目录的公告(2016年第23号)，纳入食品生产许可发证的食品和食品添加剂共32大类：

(1)粮食加工品：小麦粉、大米、挂面、其他粮食加工品；

(2)食用油、油脂及其制品：食用植物油、食用油脂制品、食用动物油脂；

(3)调味品：酱油、食醋、味精、酱类、调味料；

(4)肉制品：热加工熟肉制品、发酵肉制品、预制调理肉制品、腌腊肉制品；

(5)乳制品：液体乳、乳粉、其他乳制品；

(6)饮料：瓶(桶)装饮用水、碳酸饮料(汽水)、茶(类)饮料、果蔬汁类及其饮料、蛋白饮料、固体饮料、其他饮料；

(7)方便食品：方便面、其他方便食品、调味面制品；

(8)饼干：饼干；

（9）罐头：畜禽水产罐头、果蔬罐头、其他罐头；

（10）冷冻饮品：冷冻饮品；

（11）速冻食品：速冻面米食品、速冻调制食品、速冻其他食品；

（12）薯类和膨化食品：膨化食品、薯类食品；

（13）糖果制品：糖果、巧克力及巧克力制品、代可可脂巧克力及代可可脂巧克力制品、果冻；

（14）茶叶及相关制品：茶叶、边销茶、茶制品、调味茶、代用茶；

（15）酒类：白酒、葡萄酒及果酒、啤酒、黄酒、其他酒、食用酒精；

（16）蔬菜制品：酱腌菜、蔬菜干制品、食用菌制品、其他蔬菜制品；

（17）水果制品：蜜饯、水果制品；

（18）炒货食品及坚果制品：炒货食品及坚果制品；

（19）蛋制品：蛋制品；

（20）可可及焙烤咖啡产品：可可制品、焙炒咖啡；

（21）食糖：糖（白砂糖、绵白糖、赤砂糖、冰糖、方糖、冰片糖、红糖、其他糖）；

（22）水产制品：非即食水产品、即食水产品；

（23）淀粉及淀粉制品：淀粉及淀粉制品、淀粉糖；

（24）糕点：热加工糕点、冷加工糕点、食品馅料；

（25）豆制品：豆制品；

（26）蜂产品：蜂蜜、蜂王浆（含蜂王浆冻干品）、蜂花粉、蜂产品制品；

（27）保健食品：保健食品；

（28）特殊医学用途配方食品：特殊医学用途配方食品、特殊医学用途婴儿配方食品；

（29）婴幼儿配方食品：婴幼儿配方乳粉；

（30）特殊膳食食品：婴幼儿谷类辅助食品、婴幼儿罐装辅助食品、其他特殊膳食食品；

（31）其他食品：其他食品；

（32）食品添加剂：食品添加剂、食品用香精、复配食品添加剂。

　　本书涉及的类别不局限于纳入食品生产许可发证的类别，包括食用农产品和加工食品，主要是动物源性食品，包括畜禽肉及副产品、肉制品、水产品、水产制品、乳制品、鲜蛋、蛋制品、蜂产品、速冻食品和罐头食品等 10 类食品。

第二章　畜禽肉及副产品

第一节　概　述

目前,我国是世界最大的肉类生产国和消费国之一,也是世界重要的肉制品进出口国。畜禽肉不仅是我国养殖产业产品的重要组成部分,也是国内居民日常生活中不可或缺的肉类产品。近年来随着国内经济的发展,居民对主要畜禽肉类产品长期需求旺盛,我国畜禽肉类进口大幅增加,消费能力不断提高;同时对畜禽肉产品的质量要求也越来越高。

畜禽肉是居民日常生活必不可少的肉类食品,其产品质量安全受到消费者的高度关注。安全、新鲜、健康的畜禽肉是人民对其质量的基本要求。人民生活水平的提高也对畜禽肉保鲜、运输等各个方面提出了更高层次的要求。这些要求一方面促进了畜禽肉养殖、屠宰、运输、冷储等各环节产业化的发展;另一方面也使消费者产生了新的认知,即加强对该类食品消费相关知识的了解和学习,从而建立科学的健康消费理念。

一、畜禽、畜禽肉和畜禽副产品定义

畜禽是畜类和禽类的总称。畜类指猪、牛、羊、兔、马、骡、驴、犬、鹿、骆驼等牲畜;禽类是指鸡、鸭、鹅、火鸡、鹌鹑、鸵鸟、鸽等禽类,可以分成家禽和飞禽两大类。

畜禽肉指活畜(猪、牛、羊、兔等)、活禽(鸡、鸭、鹅等)经宰杀,加工后得到的肉。畜禽副产品指活畜(猪、牛、羊、兔等)、活禽(鸡、鸭、鹅等)经宰杀,加工后所得畜禽内脏、头、颈、尾、翅、脚(爪)等可食用的产品。

二、畜禽肉及畜禽副产品分类

畜禽肉和畜禽副产品分类方法多种多样,依据不同标准有不同分类法。可依据烹饪前肉的颜色将其划分成红肉和白肉;也可根据屠宰肉品的温控条件,将畜禽肉分为热鲜肉、冷冻肉和冷却肉(冷鲜肉)。

畜禽肉因其生物差异关系习惯被人们分成畜肉和禽肉,畜肉包括猪肉、牛肉、羊肉、兔肉、驴肉、马肉等;而禽肉包括鸡肉、鸭肉、鹅肉、鸽肉等。

畜副产品主要包括猪、牛、羊及其他畜类肝、肾,以及头、颈、肠、肚、蹄、耳等。

禽副产品主要包括鸡、鸭及其他禽类的肝、心、胗、头、颈、爪、翅等。

三、畜肉、畜副产品代表性产品

1. 猪肉

猪肉是国内主要的畜肉产品之一。其含有丰富的蛋白质、脂肪、碳水化合物、钙、磷、铁等成分。猪肉的蛋白质属优质蛋白质,含有人体生长所必需的氨基酸,也富含人体血液中红细胞的生成和功能维持所必需的铁,同时含有丰富的维生素。

图 2-1 猪肉

2. 牛肉

牛肉是深受全世界人欢迎的食品之一,也是中国人喜爱消费的肉类食品之一。牛肉蛋白质含量高,而脂肪含量低,其味道鲜美,享有"肉中骄子"的美称。牛肉提供高质量的蛋白质,含有全部种类的氨基酸,各种氨基酸的比例与人体蛋白质中氨基酸的比例基本一致,所含的肌氨酸也比一般食物都高,脂肪含量很低,且含有潜在的抗氧化剂——亚油酸。

图 2-2　牛肉

3. 羊肉

羊肉,古时称为羖肉、羝肉。它既能御风寒,又可补身体,最适宜于冬季食用,被称为冬令补品,深受人们欢迎。李时珍在《本草纲目》中说:"羊肉能暖中补虚、补中益气、开胃健身、益肾气、养胆明目,治虚劳寒冷、五劳七伤。"羊肉含有丰富的蛋白质,其含量较猪肉、牛肉高,与猪肉和牛肉相比,钙、铁、维生素 C 含量更多,具有独特的膻味,经合理的烹调可以除去其膻气。

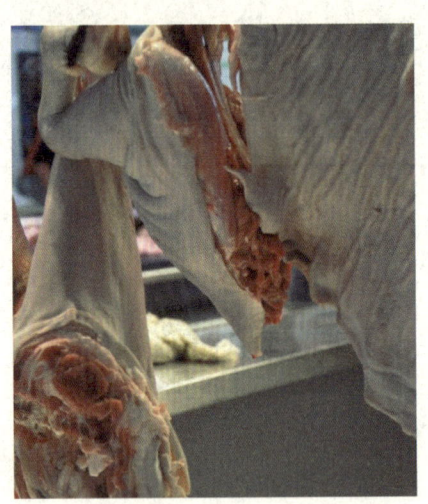

图 2-3　羊肉

4. 兔肉

兔肉包括家兔肉和野兔肉两种。兔肉属于高蛋白质、低脂肪、少胆固醇的肉类,兔肉含蛋白质较一般肉类要高,但脂肪和胆固醇含量却低于所有的肉类，故对它有"荤中之素"的说法。兔肉含有丰富的优质蛋白质，含量高达21％，超过猪肉、牛肉、羊肉、鸡肉，且易吸收；脂肪含量低，远低于猪肉、牛肉、羊肉；胆固醇含量每 100 克仅含有 0.06～0.08 克，不仅比一般肉类低，比鱼类也低，是肥胖者和心血管病人的理想肉食。全国各地均有出产和销售，每年深秋至冬末间味道更佳。《本草纲目》记载：兔肉性寒味甘，具有补中益气、止渴健脾、凉血解热、利大肠之功效。

5．猪肝

猪肝是指猪的肝脏。肝脏是动物体内储存养料和解毒的重要器官，含有丰富的营养物质，是最理想的补血佳品之一，具有补肝明目、养血、营养保健等作用，可用于治疗血虚萎黄、夜盲、目赤、浮肿、脚气等症。猪肝含有丰富的铁、磷，它是造血不可缺少的组分，猪肝中富含蛋白质、卵磷脂和微量元素，有利于儿童的智力和身体发育。

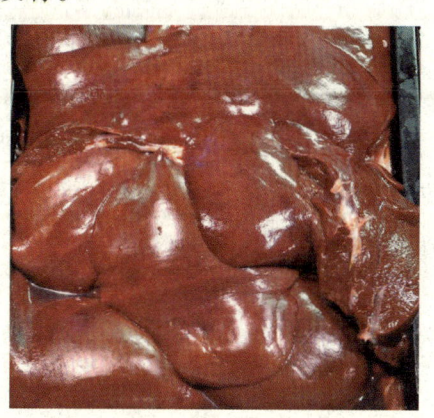

图 2-4　猪肝

四、禽肉、禽副产品代表性产品

1．鸡肉

鸡肉肉质细嫩，滋味鲜美，由于其味较淡，常使用于各种料理当中。蛋白质的含量较高，是属于高蛋白低脂肪的食品。鸡肉中钾硫酸氨基酸的含量也很丰富，可弥补牛及猪肉的不足，同时与牛肉和猪肉相比，其维生素 A 的含量要高出许多。鸡肉蛋白质含量较高，易被人体吸收利用，有增强体力、强壮身体的作用。

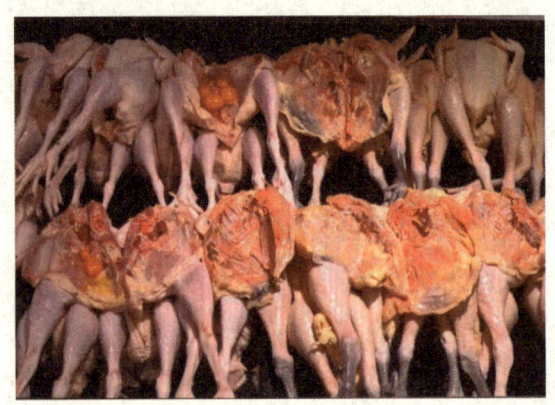

图 2-5　鸡肉

2．鸭肉

鸭肉是各种美味名菜的主要原料，也是餐桌上的上乘肴馔和人们进补的优良食品。鸭肉的营养价值与鸡肉相仿，但在中医看来，鸭子吃的食物多为水生物，故其肉性味甘、寒，入肺胃肾经，有滋补、养胃、补肾、除痨热骨蒸、消水肿、止热痢、止咳化痰等作用。鸭肉的营养价值很高，蛋白质含量比畜肉高很多。鸭肉的脂肪、碳水化合物含量适中，特别是脂肪均匀地分布于全身组织中。另外鸭肉中的脂肪酸主要是不饱和脂肪酸和低碳饱和脂肪酸，饱和脂肪酸含量明显比猪肉、羊肉少。

3．鹅肉

鹅肉是理想的高蛋白、低脂肪、低胆固醇的营养健康食品。鹅肉含蛋白质、钙、磷、热量、维生素 A、维生素 B、烟酸、钾、钠等。鹅肉含有人体生长发育所必需的各种氨基酸，其组成接近人体所需氨基酸的比例，鹅肉中蛋白质为全价蛋白质和优质蛋白质。同时鹅肉中的脂肪含量较低，仅比鸡肉高一点，比其他肉要低很多，而且品质好，不饱和脂肪酸的含量高，特别是亚麻酸含量超过其他肉类，质地柔软，容易被人体消化吸收，对人体健康有利。

4．鸡肝

鸡肝为鸡的肝脏。呈大小双叶，加工时须摘去叶面的苦胆和筋络。其色紫红，质细嫩。鸡肝含有丰富的蛋白质、钙、磷、铁、锌、维生素 A、B 族维生素。其铁质丰富，是补血食品中最常用的食物；同时还具有一般肉类食品不含的维生素 C 和微量元素硒,能增强人体的免疫力。

5.鸡胗

鸡胗就是鸡的胃。其富含蛋白质,具有维持钾钠平衡、消除水肿、提高免疫力的功效,有利于人体生长发育。

图 2-6　鸡胗

第二节　选购知识

我国是肉制品生产大国,肉类食品在居民消费中占据的比例日益增加,畜禽肉也成为大多数消费者选择的主要肉品种类,其因高营养、易吸收的特性赢得了消费者的喜爱,而畜禽肉选购也是很多消费者想了解的。食用什么种类的禽肉、什么部位的禽肉与消费者的个人喜好状况、不同营养需求情况、烹饪方式等密切相关。对食品安全的关注也让消费者在选购时对如何识别肉类的品质状况等尤为关心。下面将从具体实际问题出发,就畜禽肉选购消费提供指导,让消费者对畜禽肉类食品选购消费有更清楚的认识。

一、购买畜禽肉及其副产品应注意的问题

超市、农贸市场上销售的畜肉和禽肉的种类部位不尽相同,消费者选购畜禽肉产品时应查阅(看)动物检疫合格证明(章),还应注意以下几点:

(1)尽量到规范、有信誉的正规商店、超市和管理健全的农贸市场购买,注意观察其是否取得《营业执照》等资质。购买散装食品时要注意经营者的卫生

状况,注意有无健康证等相关证照。尽量购买正规厂家的食品。

(2)慎购游商(无固定营业场所、推车销售)销售的食品,尽量不买卫生条件差、无食品生产经营资质的小作坊、小商店、小摊贩经销的食品,特别是无防尘、防蝇、温控设施和在日光下暴晒的散装食品,此类畜禽肉食品质量难以保证,也容易受到污染。

(3)查看食品的包装、标签。注意看食品的生产日期或保质期,不买超过保质期的产品。对于怀疑存在不安全因素的食品,宁可暂时不买,待弄清情况后再决定。不买、不吃无生产厂家名称,无厂家地址,无生产日期、保质期("三无")的食品。

(4)掌握基本的选购知识,不买腐败变质的或接近腐败变质,过于便宜,死因不明,色泽、外形等与正常食品有明显不同,闻起来有异味异常的产品。同时注意同类同种食品的市场价,理性购买"打折"、"低价"、"促销"食品。

(5)尽可能向经营者索要发票或购货凭证,用后保留产品的包装袋等。发票的内容要齐全、具体,并与所购食品相符,妥善保管好购物凭据及相关依据,发生消费争议时也能够提供维权依据。一旦发生食物中毒或其他食品安全事故,也有了投诉举报的依据。

(6)了解国家相关法规对食品标签标示的规定,以及与农产品质量安全相关的基本知识。

二、如何选购畜禽肉?

1. 如何选购猪肉

看颜色。如果颜色比较光亮,呈鲜红色,那说明猪肉比较新鲜;如果颜色暗红,则说明可能是存放时间较长的。

看是否渗出血水。如果是新鲜的猪肉,不会渗出血水;如果不是新鲜的猪肉,就可能会渗出血水。所以,想买到好的猪肉,我们要挑选那些看起来比较干净的猪肉。

闻气味。要想买到好的猪肉,还可以凑近猪肉闻一闻,如果具有猪肉固有的鲜、香气味,没有异味,只有略微的腥味,说明猪肉比较新鲜;如果闻到一股很浓的血腥味、屎臊味、腐败味及异香味,那说明肉质不新鲜或已变质。

看弹性。好的猪肉如果你用手轻轻按压,它会较快恢复原状;如果按压不能恢复原状,说明弹性不佳,肉质不佳。

2．如何选购牛肉

察颜色。正常新鲜的牛肉呈暗红色,均匀、有光泽、外表微干,尤其在冬季其表面容易形成一层薄薄的风干膜,脂肪呈白色或奶油色。而不新鲜的牛肉的肌肉颜色发暗,无光泽,脂肪呈现黄绿色。

摸手感。新鲜的牛肉富有弹性,指压后凹陷可立即恢复,新切面肌纤维细密;不新鲜的牛肉指压后凹陷不能恢复,留有明显压痕。

闻气味。新鲜牛肉具有鲜肉味,不新鲜的牛肉有异味甚至臭味。

3．如何选购羊肉

采用观羊肉的颜色及闻气味等方式可加以鉴别。新鲜羊肉有光泽,肉细而紧密,有弹性,外表略干,不粘手,气味新鲜,无其他异味。不新鲜羊肉,外表粘手,肉质松弛无弹性,略有氨味或酸味。变质羊肉,外表无光泽且粘手,有黏液,脂肪呈黄绿色,有异味,甚至有臭味。老羊肉,肉质略粗,不易煮熟;小羊肉,肉质坚而细,富有弹性。

4．如何选购鸡肉

(1)通过外观巧妙辨别。购买鸡肉的时候,我们可以通过鸡的外观做一个简单的判断。一般而言,新鲜的鸡肉摸起来是不粘手的,外表层微微的干燥,而放置时间过久的一些鸡肉则摸起来有点黏糊的感觉。所以说,在买鸡肉之前我们可以利用手指摸一摸。不仅如此,新鲜的鸡肉外表是富有光泽的,不新鲜的鸡肉则色泽暗淡。此外,从鸡的眼球来分辨也是一个极好的方法,如果鸡的眼球呈现皱缩状态,并且晶体也有些浑浊,那么则表示此鸡肉不新鲜。

(2)选择颜色发白的鸡肉。当鸡被宰杀血液流光之后,它的肉的颜色就会发白。因此,在购买鸡的时候,如果发现鸡肉的颜色发红或是变黑,则说明这只鸡不健康,就不要购买。

5．如何选购鸭肉

看宰杀处的刀口。一般宰杀的鸭由于挣扎的原因造成刀口不会很平,而且心脏还在跳动,使血液出现浸润现象。

看眼球。新鲜的鸭眼睛有光泽,饱满,呈全开或半开状。而放久或者变质的鸭的眼睛是会呈凹陷状,如果是病死的眼睛是呈浑浊状。

看鸭蹼。新鲜鸭子的鸭蹼有弹性,用手指按压会很快反弹回来,表面饱满有光泽,不新鲜鸭子的鸭蹼是呈干缩状,无弹性。

看鸭皮。新鲜的鸭皮上的脂肪显淡黄色,而不新鲜的鸭皮则是会变淡,肉质也会显黏状。

看鸭屁股。新鲜的鸭屁股是显得很干净的,而不新鲜则看起来会有点脏,而且病死的鸭子,鸭屁股会出现绿点,此时就不要购买了。

闻味道。可以凑近鸭肉,闻闻是否有除了鸭子腥味之外的臭味或者刺鼻味,如果闻到异样的味道就代表这个鸭不新鲜,就不要进行购买了。

6. 怎样通过感官辨别畜禽肉的新鲜度

新鲜肉:外表具有淡玫瑰色或淡红色干膜,切面轻度湿润(不发黏),具有各种牲畜肉特有的色泽,肉汁透明,富有弹性,结实紧密,指压凹下后很快就复平。次鲜肉:外表覆有干枯的硬膜或黏液(触之粘手),有时被覆有霉层,硬膜发黑,弹性较差,指压凹下后慢慢地复平(在1分钟之内),切面暗而湿润,轻度发黏,肉汁混浊。变质肉:外表很干硬或很湿润,发黏,覆有霉层,呈灰色或淡绿色,切面湿润、发黏,呈褐红色、灰色或淡绿色,指压凹下后往往不复平。

7. 如何辨别注水肉

凡注过水的新鲜肉或冻肉,在放肉的场地上把肉移开,下面显得特别潮湿,甚至积水,将肉吊挂起来会往下滴水。注水肉呈暗淡红色,有光泽,看上去柔嫩而发胀,表面微湿,不具有正常猪肉的鲜红色和弹性,肉表面光亮,手摸瘦肉不沾手,切面湿润,指压有水渗出,切割刀口内可见渗水。

牛肉注水后,肉纤维更显粗糙,暴露纤维明显;仔细观察肉面,常有水分渗出;用手摸肉,不粘手,湿感重;用干纸巾贴在牛肉表面,纸很快即被湿透。而正常牛肉手摸不粘手,纸贴不透湿。

三、如何烹饪肉类食品

1. 如何切牛肉

牛肉的纤维组织较粗,结缔组织又较多,应横切,将长纤维切断;不能顺着纤维组织切,否则不仅没法入味,还嚼不烂。

2. 常用烹饪方法适合用哪些部位牛肉

(1)做馅用什么部位？选用脖头、牛胯骨等部位做馅,特点是肥瘦兼有,肉质干实,易搅拌酱油,比嫩肉部位出馅率高15％。(2)清炖用什么部位？胸肉熟后食之脆而嫩,肥而不腻;肋条筋肉丛生,熟后肉质松嫩;腱子肉现色,熟后鲜嫩松软。这些部位的肉也比较适合于煮、扒、焖。(3)炒菜用什么部位？熘、炒、炸宜选用瘦肉、嫩肉,如里脊、外脊等肉。

3. 畜禽肉类食品烹饪过程营养素变化情况

畜禽肉类食品所含营养素在烹饪过程中以维生素的损失最大,蛋白质、脂类等损失小。不同烹饪方式营养素的损失不同,红烧和炖导致维生素 B_1 的损失可达60％,蒸、炸损失较少,炒损失最小,为了减少维生素的损失肉类食品宜炒、烧、炖、蒸、炸。

第三节 储运知识

在过去受储存技术所限,肉类保存的时间极其有限,容易变质腐败坏掉,导致了部分人至今还认为热鲜肉是最好的。事实上畜禽被宰杀后,肉没有进行冷却处理,微生物得不到抑制,易受到污染。

冷藏运输对于畜禽肉的产品质量和风味口感有着重要的影响。近几十年经济和科技的发展促进了冷储技术的迅速发展,目前,从屠宰企业到加工企业再到超市,有着比较成熟的冷链储存和冷链运输技术,畜禽肉质量保证和延长保存期有了迅速的发展,消费者可根据实际情况采用适当的方式保存畜禽肉。

一、畜禽肉怎么保存

1. 干燥法

干燥法也称脱水法,主要是使肉内的水分减少,阻止微生物的生长发育,达到贮藏目的。一般来说,应采取适当方法,使含水量降低到20％以下或降低水分活性,才能延长贮藏期,常见的产品中腊肉就是干燥法的代表产品。

2. 盐腌法

盐腌法的贮藏作用,主要是通过食盐提高肉品的渗透压,脱去部分水分,并使肉品中的含氧量减少,造成不利于细菌生长繁殖的环境条件。实际生产中用食盐腌制多采用低温,并将盐腌法与干燥法结合使用,制作各种风味的肉制品。

3. 低温贮藏法

低温贮藏法即肉的冷藏和冷冻,在冷库或冰箱中进行,是肉和肉制品贮藏中最为实用的一种方法。在低温条件下,尤其是当温度降到 -10℃以下时,肉中的水分就结成冰,造成细菌不能生长繁殖。利用低温贮藏肉品时,必须保持一定的低温,直到食用或加工时为止,否则就不能保证肉的质量。

4. 辐射保藏法

用放射线照射食品,可以杀死表面和内部的细菌,达到长期保藏的目的。照射法保藏,需在专门设备和条件下进行。

二、如何储存冷冻肉

一般来说,冰箱靠近门处温度最高,靠近后壁处最冷;保鲜盒上层较暖,下层较冷。肉类、鱼类应放在中下层,最好切成一次食用分量分别放在保鲜盒中保存。

三、畜禽肉在冷藏条件下能保存多久? 消费者如何保存肉类产品

畜禽肉冷藏依据其保存温度可分成冷鲜肉(也称冷却肉)和冷冻肉。冷鲜肉是在低于 0℃环境下,将肉中心温度降低到 0～4℃,而不产生冰结晶的肉。冷冻肉在冷却状态下冷藏的时间取决于冷藏环境的温度和湿度。根据国际制冷学会第四届委员会推荐冷却动物肉的冷藏条件和冷藏期如表 2-1。

表 2-1　冷鲜肉的冷藏温度和期限

品种	温度（℃）	相对湿度(%)	预计贮藏期(天)
牛肉	-1.5～0	90	28～35
小牛肉	-1～0	90	7～21
羊肉	-1～0	85～90	7～14
猪肉	-1.5～0	85～90	7～14
取出肉脏鸡	-1～0	85～90	7～11

冷鲜肉的贮藏系指经过冷却后的肉在 0℃左右的条件下进行的贮藏。短期加工处理的肉类,不应冻结冷藏,因为冻结后再解冻的肉类,即使条件非常好,其干耗、解冻后肉汁流失等都较冷鲜肉大。

目前,消费者家中冰箱基本普及,普通消费者在储存畜禽肉时可以采取冷鲜肉和冷冻肉相结合的方式,长时间保质的畜禽肉类建议采用冷冻,一两天以内食用的可以冷鲜保存。在冰箱冷冻情况下一般含肥肉的畜禽肉冷冻保存不宜超过 3 个月,瘦肉冷冻保存不宜超过半年。

第四节　污染源分析

食物污染可分为生物污染、化学性污染和放射性污染三大类,食用被污染的食品会对人的身体健康产生不利影响。畜禽肉常见的污染主要集中在生物污染和化学污染。

畜禽肉的生物污染主要是因微生物、病毒、寄生虫及其虫卵等对畜禽肉造成的食品安全问题,一类是在宰杀运输环节接触器皿等普通卫生污染,另外一类就是高致病微生物导致,例如非洲猪瘟、禽流感、猪囊尾蚴病等人畜禽共患病,此类畜禽肉的产生主要是部分不法分子为获取利益而贩卖死猪肉、病畜禽肉等造成。

畜禽肉的另一污染大类就是化学污染,其一是由于饲料和饲料添加剂中带来的各种有害物质,例如重金属等。其二是人为非法添加的有害物质,例如为了利益添加到饲养过程中的克伦特罗、苏丹红、三聚氰胺等。其三为饲养、包装等其他相关环节中无意带入的造成食品污染,例如欧盟的"毒鸡蛋事件"造成的畜禽肉及其产品的农药污染问题等。其四是养殖企业或个人违规使用未经农业部批准的药物、超剂量使用药物未严格执行休药期等造成兽药残留超标。

第五节　消费风险提示

一、避免食用被污染的畜禽肉

为了购买到更加安全可靠的畜禽肉及副产品,消费者应该到正规的超市、商场进行选购,这些单位所销售的产品一般都经过检疫部门的检验检疫,安全更有保证。选购时要注意查看销售单位的营业执照和卫生许可证,查看卫生检疫合格证明,比如猪肉表面所盖的检疫印章等。

同时,在购买到畜禽肉及副产品后,应及时保藏到冰箱中,需短期贮藏的冷藏保存,需长期贮藏的冷冻保存。保藏时,分块储存,生熟分开,避免肉块的反复解冻或交叉污染,导致营养物质流失,造成微生物污染,使肉腐败变质。

二、合理烹制和食用

畜禽肉及副产品要高温烹制至熟透才能安全食用,否则有感染微生物、寄生虫等的风险。生肉和熟肉应当分开加工处理,避免交叉污染。烹制后需要保存的畜禽肉及副产品应当冷冻或冷藏保藏。放置过久、有异味的畜禽肉及副产品不宜食用。

畜禽肉中含有较高含量的优质蛋白,但饱和脂肪酸和胆固醇类含量也较高,因此应将谷物、果蔬等植物性食物与其搭配起来共同食用。以谷物为主,多吃蔬菜水果,每天摄入蛋、奶类,适量摄入畜禽肉等,既可均衡营养,又可有效补充蛋白质和各种身体所需元素。

第六节　常见谣言辨识

(1)肉是健康杀手吗？素食可以防治各种慢性疾病吗？

网络上部分关于食用畜禽肉等动物性食品的说法过于偏激或者片面,畜禽肉及副产品是人体蛋白质的重要来源,属于优质蛋白,同时含有维生素、矿质元素等。畜禽肉中含有较高的饱和脂肪酸和胆固醇物质,若长期摄入过多肉类食品而忽视植物性食品的摄入,确实会导致一些慢性疾病。但若只吃素食同样会导致人体营养不良、新陈代谢紊乱。所以均衡的膳食结构和合理的膳食搭配才是健康饮食的关键。

（2）会因食用烹制鸡鸭肉感染禽流感吗？

导致人感染禽流感病毒最重要的危险因素是直接或间接暴露于受感染活禽或带毒禽类污染的环境中。禽流感病毒主要经呼吸道传播，密切接触感染禽类及其分泌物、排泄物等也是禽流感的主要传播途径。食用经适宜处理与烹调熟透的家禽及其产品是安全的，目前并无证据表明人类食用禽肉或禽蛋会感染禽流感病毒。

（3）多吃猪血可以清肺防雾霾吗？

吃猪血可以补充多种微量元素、预防缺铁性贫血等，同时动物血可在人体肠道内减少一些有毒物质的吸收，并加快肠道内有毒物质排出体外的速率，但吃猪血等食物的清肺功效只存在于民间的传闻，并无科学依据，其无法减少空气中粉尘对呼吸系统造成的伤害。雾霾中的 PM2.5 主要进入人体的呼吸系统，通过鼻腔进入肺部并沉积，而猪血等食物通过消化系统消化吸收进入血液后，却并不能到达 PM2.5 的沉积处，更不能清除 PM2.5。

（4）猪肉上寄生钩虫高温杀不死吗？

谣言中所述"钩虫"实为猪的血管、淋巴管、神经纤维、肌腱以及筋膜等结构。现有的资料表明可以感染猪的寄生虫病大约有 20 多种，而虫体可在猪的肌肉组织中寄生的只有 2 种，一种是猪囊尾蚴，另一种是旋毛虫，说猪肉上寄生钩虫缺乏科学常识。从生物学的角度来说，绝大部分寄生虫及微生物（包括细菌、真菌、病毒等）可以通过高温处理灭活。

第三章　肉制品

第一节　概　述

　　中国菜肴素以色、香、味、形俱佳而闻名于世。长久以来,人们利用各种丰饶的物产与多种烹饪手法相结合,创造出各具特色的菜肴,形成了中国特有的饮食文化。肉作为许多菜肴中一种不可或缺的原材料,不仅能提供人体所需的优质蛋白、脂肪、矿物质和维生素,而且滋味鲜美、营养丰富,容易消化吸收,备受人们喜爱。

　　我国是肉制品生产与消费大国,随着生活水平的提高,我国对肉类食品的消费不断增加,肉类食品已成为百姓餐桌上一道常见的佳肴。人们的消费观念也由原来的能吃到肉变成如何健康、安全、方便又营养地食用肉。这一方面需要国家加强食品安全监管,保障人们饮食安全,同时进一步发展科技,研究有特色,集色、香、味、营养、保健等特点于一体的新产品,以满足消费者对肉制品的更高要求;另一方面,作为消费者自身,应多掌握一些肉类食品的相关知识,进一步提高对肉类食品的认识,在日常生活中自觉注重食品的安全与健康,防范食品安全事故发生,提高生活质量。

一、肉制品定义

　　肉制品(meat products),是指用鲜、冻畜禽肉或可食副产品为主要原料,经选料、修整、调味、添加辅料(或不添加辅料)、成型、熟化(或不熟化)、包装(或不包装)等工艺制成的食品。

二、肉制品分类

　　我国幅员辽阔,各民族、各地区人们饮食习惯不同,肉制品品种极为丰富,根据产品特征、加工工艺,可分为腌腊肉制品、发酵肉制品、酱卤肉制品、熏烧烤肉制品、熟肉干制品、熏煮香肠火腿制品、调理肉制品及其他制品。按熟化程度分,肉制品又可分为生制品和熟制品两种,生制品包含腌腊肉制品、调理肉制品,是非即食食品,食用前需加热熟化;其他制品加工时经过熟化,为即食食品。

三、肉制品代表性产品

1. 腌腊肉制品

腌腊肉制品多数以畜禽肉为原料,经选料修整、调味(或不调味),再经腌制、酱制、晾晒(或烘烤)等工艺制成,属生肉类制品,食用前需加热。腌腊肉制品主要包括腊肉、咸肉、风干肉、香肠或腊肠等。

(1)腊肉。腊肉不仅色泽鲜艳,黄里透红,而且味道醇香,肥不腻口,风味独特,因而受到很多人的喜爱。过年吃自制的腊肉也成了南方很多地区的习俗,包括腊猪肉、腊牛肉、腊羊肉、板鸭和腊鸡等,代表性产品有广式腊肉、湘西腊肉、南京板鸭等。

图 3-1　腊猪肉

(2)咸肉。咸肉是经盐腌制加工的生制品,食盐使肉形成高渗环境,抑制微生物繁殖。咸肉外观清洁,有腌制风味,味稍咸,有咸猪肉、咸牛肉等,代表性咸肉有浙江咸肉、四川咸肉等。

(3)风干肉。风干肉是指经腌制、洗晒、晾挂、干燥等工艺制成的生干制品。代表性

图 3-2　咸猪肉

产品有风干猪肉、风干牛肉、风干鸡鸭等。

图3-3 风干鸡   图3-4 风干鸭

（4）香肠。香肠一般是以猪肉为原料，绞碎成泥状，腌制（或不腌制）、加入辅料或不加辅料，灌入肠衣，再经干燥、烟熏（或不烟熏）、烘烤等工艺制成的肠类制品，包括腊肠。代表性产品有广东腊肠、四川宜宾广味香肠、山东招远香肠、武汉香肠等。

图3-5 香肠   图3-6 切片香肠

2. 发酵肉制品

发酵肉制品是指在自然或人工控制条件下，利用微生物或内源酶的发酵作用，使原料肉发生一系列生物化学及物理变化，形成具有特殊风味、色泽和质地，且具有较长保藏期的肉制品。发酵肉制品与一般肉制品相比含有更多的多肽和更丰富的、比例更合理的氨基酸，更易被人体消化吸收，因此发酵肉制品被认为是一种传统的健康食品，深受国内外消费者的喜爱。

（1）火腿。在我国丰富多彩的肉类制品中，火腿是具有特殊风味、色泽和质地,营养丰富,且具有较长保质期的高档发酵肉制品。火腿是用大块肉或猪腿肉腌制加工、长期发酵、成熟制作而成的生肉制品,食用前需熟加工,有些可生食。代表性产品有金华火腿、江苏如皋火腿、云南宣威火腿。

图 3-7　火腿　　　　　　　图 3-8　切片火腿

（2）发酵香肠。发酵香肠中富含乳酸菌,是人体肠道内重要的益生菌之一,有助于调节机体免疫功能。通常以猪肉或牛肉为原料,经绞碎、腌制、充填、自然发酵或人工接种而制成的具有稳定的微生物特性和典型的发酵香味的肉制品。可直接食用,代表性产品有萨拉米香肠、黎巴嫩大香肠、图林根香肠等。

图 3-9　发酵香肠

3. 酱卤肉制品

酱卤肉制品是原料肉经预煮后,再用香辛料和调味料加水煮制作而成。酱卤肉制品是熟肉制品,产品酥软,风味浓郁。就地生产、就地供应的酱卤肉制品不适于贮藏,但经充分杀菌、真空包装的酱卤肉可以保存和携带。按照加工工艺不同,一般将其分为三类:白煮肉类、酱卤肉类和糟肉类。

（1）白煮肉。白煮肉是将不经腌制或腌制的肉直接放在水中煮制而成的熟肉制品,食用时再调味。这是肉类最本色的烹饪方法,也是北京传统名菜。白煮肉肉质香烂,肥而不腻,味道醇厚,最宜卷着荷叶饼或烧饼食用。代表性产品有白切肉、白切鸡和咸水鸭等。

图 3-10　白切肉片

（2）酱卤肉。酱卤肉是以鲜（冻）畜禽肉和可食副产品放在加食盐、酱油、香辛料的水中经预煮、浸泡、烧煮、酱制（卤制）等工艺加工而成的一类熟肉类制品,是酱卤肉制品中品种最多的一类。其风味各异,但主要制作工艺大同小异,只是在具体操作方法和配料的数量上有所不同。代表性产品有酱牛肉、德州扒鸡、苏州卤汁肉、糖醋排骨等。

图 3-11　酱卤肉（一）

图 3-12　酱卤肉（二）

（3）糟肉。糟肉是肉在白煮后,再用香糟糟制而成的肉制品,产品保留了原料固有的色泽,并带有曲酒香味。代表性产品有兰州糟肉、糟鸡、糟鹅等。

图 3-13　糟鸡

4．熟肉干制品

熟肉干制品是指瘦肉经熟加工，再成型干燥；或先成型干燥，再经熟加工制成的熟肉制品。这类制品可以直接食用。熟肉干制品主要包括肉松、肉脯、肉干等。

（1）肉松。肉松是瘦肉经过煮制、撇油、调味、收汤、炒松或进行油酥等工艺制成的脱水制品，肌肉纤维蓬松，呈絮状或团粒状。代表性产品有太仓肉松、如皋肉松等。

图 3-14　肉松

（2）肉脯。肉脯是瘦肉经绞碎、调味、腌制、刮筛、烘烤等工艺制成的干、薄片形熟肉制品。有肉脯和肉糜脯两种。代表性产品有靖江肉糜、三老牌肉脯干等。

图 3-15　肉脯

（3）肉干。肉干是瘦肉经预煮、切片（条、丁）、调味、复煮、收汤和干燥等工艺制成的干、熟肉制品。代表性产品有牛肉干、猪肉干等。

图 3-16　牛肉干

5. 熏烧烤肉制品

熏烧烤肉制品是指以鲜、冻畜禽肉为原料，经选料、修割、腌制后，再以烟气、高温空气、明火或高温固体为媒介加热制成的熟肉制品。常见的熏烧烤肉制品有烤鸭、烧鹅、烤串、叫化鸡、烤乳猪等。

图 3-17　烤鸭

图 3-18　熏煮香肠

6. 熏煮香肠制品

以鲜（冻）畜禽产品为主要原料，经修整、绞制（或斩拌）、腌制（或不腌制）后，配以辅料及食品添加剂，再经搅拌、充填（或成型）、蒸煮（或不蒸煮）、烟熏（或不烟熏）、烤制（或不烤制）、冷却（或冷冻）等工艺制作的香肠类熟肉制品，代表性产品有法兰克福肠、热狗肠、茶肠等。

第二节　选购知识

一、购买肉制品应注意的问题

市场上销售的肉制品种类越来越丰富,要选购安全、健康的肉制品,消费者应注意以下几方面的问题:

第一,购买肉制品时,尽量选择带包装的产品。包装好的产品可避免流通过程中的二次污染,而散装肉制品容易受到污染,质量难以得到保障。

第二,学会看标签标识。选购有正规厂家的产品,产品包装上应标明品名、生产许可证号、厂名、厂址、生产日期、保质期、执行的产品标准、配料表等。

第三,查看生产日期。选购保质期内的产品,且尽量选择近期生产的产品,新近生产的产品口味较好。肉制品脂肪含量较丰富,存放时间长可能存在氧化现象,品质、口感可能受影响。

第四,选择正规的购买途径,尤其是夏季高温季节更应注意,尽量到大商场、大超市去购买。这些场所有正规的商品进货渠道,产品周转快,冷藏的硬件设施齐全。

第五,注意查看储存温度。产品购买之后放在规定的温度储存,熟肉制品一次购买量不宜过多。已开封的肉制品一定要密封,最好在冰箱中冷藏保存,尽快食用。

图 3-19　肉制品专柜

二、如何选购各类肉制品

1. 如何选购腊肉、火腿

（1）腊肉。质量好的腊肉色泽鲜亮，肌肉呈鲜红色或暗红色，脂肪表面微黄，肉身干爽结实，富有弹性，瘦肉坚实有一定硬度，指压后无明显凹痕，无杂质，无发霉现象，有腊肉制品的特殊香味。

变质的腊肉色泽灰暗无光泽，脂肪呈黄色，表面有霉斑，肉身松软无弹性且带黏液，呈轻度酸败或酸败味，如有较严重的哈喇味和严重变色的腊肉不能食用。此外，颜色太过鲜艳的腊肉可能添加过量的亚硝酸盐或色素，建议谨慎购买。

（2）火腿。优质的火腿表面干燥，肌肉切面呈深玫瑰红色或桃红色，脂肪切面呈白色或微红色，有光泽；组织状态致密而结实，切面平整；具有火腿特有香味或香味平淡，咸味适度，无其他异味。

劣质的火腿表面湿润，皮面边缘呈灰色，腿皮有黏液，光泽较差；组织松软，稍有酱味、豆豉味或酸味，如有臭味，表明火腿加工时原料已严重变质。

图 3-20　腌腊肉制品专柜

2. 如何选购香肠（腊肠）

优质的香肠（腊肠）、香肚肠衣（或肚皮）干燥且紧贴肉馅，无黏液及霉点，坚实或有弹性。切面肉馅有光泽，肌肉呈灰红色至玫瑰红色，脂肪呈白色或略带红色，具有香肠固有的风味。

劣质的香肠（腊肠）、香肚肠衣（或肚皮）稍有湿润或发黏，易于肉馅分离，但不易撕裂,表面稍有霉点,但抹后无痕迹,发软而无韧性。切面整齐,有缝隙,边缘部分有软化现象,肌肉呈深灰色或咖啡色,脂肪发黄。脂肪有轻微酸败味,有时肉馅带有酸味。

图 3-21　香肠

3．如何选购酱卤肉制品

优质酱卤肉制品外观为完好的自然块,洁净,表面呈酱色或褐色,新鲜润泽,无异物附着,肉质切面整齐平滑,结构紧密结实,有弹性,有油光,并具有该产品应有的肉香味,无异味。如果是带包装的酱卤肉制品,要看其外包装是否完好无破损。如果是真空包装的,要看其真空度是否完好,如发现胀袋现象,说明已变质不可以食用。此外,还要看产品的生产日期、保质期,以防买到的是过期产品。

4．如何选购肉干

肉干常见为牛肉干,优质的牛肉干纹理清晰,顺着纹理的方向会很容易撕开。牛肉干颜色为黄色、褐色或黄褐色,表面有一层淡淡的油脂且有光泽,或是表面常带有细微绒毛或香辛料。牛肉干属于冷吃熟食,正常的牛肉干有一种牛肉本身的淡淡清香味,通常闻起来香味并不浓重,吃起来越嚼越香,如果是各种口味的牛肉干,也会有牛肉肉质的味道。

颜色太好或者香味太大就要小心购买,有可能是为了掩饰原料的不足。肉干水分含量较低,一般常温保存。通常不要选择湿度较大的牛肉干,湿度越大越容易滋生细菌。

5. 如何选购熏烧烤肉制品

熏烧烤肉制品肉的表面干爽,色泽诱人,皮脆肉嫩,香味浓郁,烧烤猪、鹅、鸭类肌肉切面鲜艳有光泽,呈微红色;脂肪呈浅乳白色(鹅、鸭呈浅黄色);肌肉压之无血水,脂肪滑而脆;无异味、异臭。叉烧类猪、鹅、鸭肌肉切面呈微赤红色,脂肪白而有光泽,肌肉切面紧密,脂肪结实而脆,无异味、异臭。

劣质的熏烧烤肉制品肌肉切面无光泽,脂肪呈黄色,肌肉松软,弹性差,切开还可闻到异味。

6. 如何选购火腿肠

优质的火腿肠肠衣紧贴肠肉,肠体干燥,有弹性,切面光泽油亮,有火腿肠固有的香味;劣质的火腿肠肠衣发黏,肠体缺乏弹性,切片后外环松散,周围颜色偏灰,变质的火腿肠还会有一股酸溜溜的油脂味。如发现肠衣破损、出油或肉肠有异物存在应立即停止食用。此外,火腿肠标签上会标注不同的等级,包括无淀粉级、特级、优级和普通级。级别越高,肉和蛋白质含量越高,淀粉含量越低,弹性越高,口感越好,价格相对高些,消费者可根据自己的喜好选购。

图 3-22　熏煮香肠火腿

三、肉制品烹饪方式的选择

烹饪方式包含煎、炒、煮、炸、蒸、烤等,每一种烹饪方式都有自己的特点。各种烹饪方法的运用不但使菜肴变得更加美味,还提高了菜肴的色、香、形等感官性状,促进了人的食欲。以上的烹饪方法也同样适合于肉类,选择科学、合理的烹饪方式,对于促进人体健康是有着积极的意义的。

蒸:与其他烹饪方法相比,蒸制被视为最健康的烹饪方式。蒸既可以保持食物的外形,又可保持食物固有的风味。如果蒸制食物的时间不长,营养流失就会较少,而且也不会像煎炸食品那样产生自由基。蒸菜通常不需要额外用油,这种方法制作出来的食物,脂肪含量较低,符合现代人健康、养身的生活理念。除此之外,蒸制出来的肉鲜嫩多汁,尤其对于腊肉制品,蒸后更是香味浓郁,口感嫩滑。

图 3-23　蒸菜

炒:炒是许多家庭最常用的一种烹饪方法,讲究旺火急炒。加热时间过长通常是破坏食物营养素最重要的原因,因此,在烹饪方法上应尽量采用旺火急炒,这样既可以使炒出来的肉嫩滑多汁,又可以缩短菜肴的加热时间,降低原料中营养素的损失。例如,猪肉中含有丰富的维生素 B_1,有研究显示,将猪肉切成丝,旺火急炒,维生素 B_1 的损失率约为 13%,而切成块用小火慢炖,损失率则约为65%。

煮:食肉、食汤各不相同,在熬、煮、炖、烧时,如以食肉为主,可先将水烧开后再下肉,使肉表面的蛋白质凝固,其内部大部分油脂和蛋白质留在肉内,肉味就比较鲜美;如以食肉汤为主,则将肉下冷水锅,用文火慢煮,这样脂肪、蛋白质就会从内部渗出,汤味肉香扑鼻,营养更佳。

图 3-24　炖鸡

炸：油炸食物香味扑鼻，但由于炸时油温很高，食物中的蛋白质、脂肪、碳水化合物及遇热易氧化的维生素都会遭到破坏，使营养价值降低。挂糊油炸是保护营养素、增加美味的一种好方法，即在烹制前，先用淀粉和鸡蛋给食物上浆，在食物表面形成隔绝高温的保护层，使原料不与热油直接接触，减少营养素损失，还可使油不浸入食物内部，鲜味也不易外溢，口感也会更加滑嫩鲜美。但是，高温油炸淀粉食品中可能含有丙烯酰胺（致癌物），对人体存在潜在危害。此外油炸食物不易消化，不宜多吃。

图 3-25　油炸

烤：熏烤亦有害，蒸汽烤可行。很多人特别喜欢吃熏烤食品，例如烤香肠、烤鸡腿。但熏烤温度过高或烤糊后可能产生对人体有害的物质，如 3,4- 苯并芘等已知的致癌物质,所以在熏烤肉、肉肠类时不应当用明火直接熏烤,可用管道干热蒸汽烤,最好不要加糖熏烤,如果一定要加糖时,温度也应控制在200℃以下。不过即使是用管道干热蒸汽烤,这类食品也应少食用。

图 3-26　熏烧烤肉

第三节　储运知识

一、肉制品储存知识

1. 肉类该如何储存

正确的储存是保证食品风味、口感、安全性的前提。肉制品营养丰富,但也容易滋生细菌,如果保存不当,会加速食品腐败变质,还可能对人体健康造成危害,导致食源性疾病发生。肉类具体该如何储存呢?

(1)在适宜的条件下保存。储存条件需参照产品标签标识,通常包括:常温、避光保存、冷藏或冷冻保存等。如果产品储存条件不符合规定,食品的安全性可能得不到保障。

(2)正确认识食品的保质期。保质期是指在规定的条件下储存且在未开封的情况下,能够食用的安全期限,如已开封,都要求尽快食用完毕。此外,如未按要求保存,食品的保质期可能缩短。

(3)生熟分开,防止交叉污染。熟制的散装肉制品在室温下存放时间不宜超过两个小时,应尽量采用低温保存。使用冰箱时,需注意热的食物不要放入冰箱,这样会导致冰箱温度上升。冰箱内存放食物不宜过多,而且要经常清洗消毒。

(4)不要将肉制品与化学清洁剂、杀虫剂、药物等一起存放,并注意防范昆虫及鼠类等。

2. 哪些肉制品可以常温储存

常温储存的肉制品一般包含经杀菌处理的预包装食品和经脱水干燥的肉制品,如预包装酱卤肉制品、熟肉干制品、腌腊肉制品等。罐头类肉制品在生产过程中采用了杀菌工艺,不含致病菌,也不含在常温下能繁殖的微生物,产品已达到了商业无菌的要求,可以在常温下放置。此外一些散装腌腊肉制品,如腊肉、香肠,因水分含量较低,可以在常温且阴凉干燥处保存。

3. 哪些肉制品需低温储存

需要低温储存的肉制品,如超市低温柜中销售的熏煮香肠、熏煮火腿、培根、酱牛肉等产品。这些产品在购买之后也应低温储存。此外,原本无需冷藏的预包装产品,开封后没吃完的部分也应冷藏保存。

图 3-27 低温肉制品

4. 保鲜膜保存肉制品安全吗

我们在超市、农贸市场或菜市场见到的大多熟食都包裹着一层保鲜膜,许多人非常认同这层"保护膜",买回家就直接放到了冰箱中。其实,这种做法可能存在风险,保鲜膜应该尽量不与直接食用的食品接触,较安全的做法应该是把保鲜膜撕掉,更换容器或采用食品级保鲜袋盛装。

目前,生产食品保鲜膜的原料主要有三种,分别是聚乙烯(简称 PE)、聚氯乙烯(PVC)和偏聚二氯乙烯(PVDC)。PE 广泛用于食品包装,PVDC 主要用于一些熟食、火腿等食品外包装,PE 和 PVDC 保鲜袋相对比较安全,不含塑化剂,可放心使用。但目前市面上 PVC 保鲜膜也很多,主要是用于蔬菜、水果外包装。PVC 是硬质塑料,要将其拉成透明柔软的保鲜膜,一些不法厂家可能向其中添加塑化剂以增加附着性及柔韧性。国家已明令禁止 PVC 生产使用塑化剂,并禁止用 PVC 保鲜袋包装肉类、熟食等脂肪含量高、可直接食用的食品。塑化剂在与油脂类食品接触时容易渗出,迁移到食品中,对健康造成危害。因此在包装肉类食品时不要选择 PVC 保鲜膜。

图 3-28　保鲜膜装肉制品

消费者在储存肉制品时,应注意区分保鲜膜的材质,通常在外包装上会标明,也不要随意取用塑料袋包装,塑料袋透气性差,食品易变质。而保鲜膜的保鲜在于其透气性良好,正确地使用保鲜膜才能保证肉制品的良好品质。

二、各类肉制品的储存方法

1. 熟肉制品该如何储存

(1)预包装熟肉制品。预包装食品通常为真空包装或灌装产品,因为采用了杀菌处理,保存时间一般较长,只需按照产品标签标识的储存条件保存即可(如常温、冷藏、冷冻或阴凉干燥通风的环境下保存等)。

(2)散装熟肉制品。最好将熟肉放入带盖的陶瓷容器中,如果无盖,可以用保鲜膜覆盖,但注意不要装太满,避免保鲜膜与熟肉接触。如果使用容器不方便,也可直接将熟肉放进食品保鲜袋中包装,再放入冰箱保存,食用前最好再次加热。

值得注意的是,很多人把冰箱当成了家里的"食品消毒柜",认为贮存在冰箱里的食品就是卫生的。其实,冰箱因长期存放食品又不经常清洗,会滋生出许多细菌,熟肉类食物在冰箱中的储存时间不应该超过 4 天。

冰箱保存食物的常用冷藏温度是 4~8℃,在这种环境下,绝大多数的细菌生长速度会放慢。但有些细菌却嗜冷,如李斯特菌在这种温度下反而能够迅速生长繁殖,如果食用感染了这类细菌的食品,会引起肠道疾病。而冰箱的冷冻箱里,温度一般在 -18℃左右,在这种温度下,一般细菌都会被抑制或杀死,但冷冻并不等于能完全杀菌,仍有些抗冻能力较强的细菌会存活下来。所以,从另一个角度来说,冰箱如果不经常消毒,反而会成为一些细菌的"温床"。另外,冰箱里的食品也不要存放过多,这样会让食物的外部温度低而内部温度高导致变质。

2. 腊肉应该如何储存

(1)悬挂保存。

短时间需要食用的,可以悬挂在通风阴凉处保存,但腊肉必须先风干、晒干或者烤干。如果室温低于 20℃,而且室内空气中的湿度低于 60%,可将其悬挂于室内的阴凉通风处,这样可保存 3 个月左右的时间。室温和湿度越低,保存时间越长。

(2)冷冻保存。

如需长时间保存,可以将腊肉切成小块,用保鲜袋按一次食用量封装于冰箱中,这种方法可保存半年至 1 年,但宜尽早食用,避免长时间储存影响品质与口感。

(3)其他保存方式。

如果没有冰箱,需要长时间储存腊肉,可以将腊肉放入陶瓷缸中,用布封好,盖上木板,将缸子口压在生石灰上,一般可保存 4 个月左右,或者将腊肉用纸包好,放在纸箱内,用稻草灰或麦草灰掩盖上,可保存半年之久。还可以将腊肉剁成小块,再装入陶瓷的坛子里,然后把食用油烧熟放凉后倒入坛子里,油需浸没腊肉才行,最后密封好坛口,可保存一年时间。

3．火腿应该如何储存

火腿经长时间发酵后有独特的风味。为保证品质和口感,一般不建议采用冰箱保存。因为冰箱低温干燥的环境使火腿的水分挥发较快,从而导致肉质干硬,影响品质和口感;而冷冻的环境下,火腿中水分易结冰,脂肪析出,加速了火腿内脂肪的氧化,导致肌肉结块,品质下降。正确的保存方法是将其悬挂在阴凉通风的地方,防止变质。但高温的环境会促进脂肪氧化,出现哈喇味;如遇高温天气,可将火腿包装好后放入冰箱,短时间存放可以保证其原有口味。

4．肉灌肠制品如何储存

灌肠制品一般采用杀菌工艺,除常温储存的灌肠制品外,还有部分需要冷藏或冷冻保存,购买时一定要查看储存温度要求,需要低温储存的灌肠制品应尽量减少在路途上的时间。放在冰箱中储存的灌肠制品,注意生熟分开,与杂物隔离,已开封的灌肠制品应密封,尽早食用。

第四节　污染源分析

一、肉制品污染源分析

从加工环节分析,肉制品的污染主要来源于畜禽肉养殖、加工、生产、销售等环节。

1．畜牧养殖过程中可能带来的污染

养殖过程中的污染包括养殖过程动物疫病带来的细菌、病毒及治疗造成的药物残留;养殖过程人为非法使用克伦特罗、莱克多巴胺等"瘦肉精"类有害物质;使用不安全的饲料(有重金属、生物毒素污染的饲料)带来的有害物质;养殖环境污染(废水、废气)中带来的重金属铅、砷、镉等有害物质。

2．肉制品加工过程中可能带来的污染

加工过程中的污染主要有超限量、超范围使用食品添加剂,如超范围使用苯甲酸、超限量使用山梨酸等防腐剂;使用非食用物质加工肉制品,如采用酸性橙Ⅱ、工业色素加工肉制品;生产设备不合格导致重金属残留;加工过程中

环境、温度控制不当导致微生物污染以及加工过程产生的其他污染物如亚硝基化合物、多环芳烃类；此外，还有肉制品掺假作假、采用病死猪肉加工肉制品等。

3. 运输、销售及储存过程中可能带来的污染

运输、销售过程中的污染主要指温湿度控制不当导致肉制品微生物生长从而加速肉制品腐败变质；运输、储存不当造成的二次污染，如一些未包装的食品容易受灰尘、细菌及容器污染等。

二、如何正确看待食品添加剂在肉制品中的应用

肉制品的添加剂主要有防腐剂、抗氧化剂、着色剂、护色剂、增稠剂、水分保持剂及乳化剂等。允许在肉制品中使用的防腐剂有双乙酸钠、山梨酸、脱氢乙酸等；着色剂有赤藓红、诱惑红等；护色剂有硝酸钠、亚硝酸、亚硝酸钾等，增稠剂有明胶、卡拉胶、淀粉等；水分保持剂有正磷酸盐、焦磷酸盐和多聚磷酸盐等；乳化剂有大豆蛋白、酪朊酸钠和蔗糖脂肪酸酯等。

食品添加剂在肉制品的防腐保鲜、改善色泽和质构、提高品质等方面发挥着重要的作用，但是，随着人们对食品安全关注度的提高，无添加、无公害、绿色等名词进入民众的视野，人们认为没有食品添加剂的食物比使用食品添加剂的食物更安全。这是对食品添加剂的误解，食品添加剂的毒性对人体存在剂量和效应的关系，只有达到一定的浓度和剂量才会显现毒害作用。食品添加剂的使用限量是通过严格的动物实验和科学的风险评估得出的，只要规范使用，就不会引发食品安全问题。

事实上，近年来发生的与食品添加剂有关的食品安全事件往往不是由食品添加剂直接导致的，但食品添加剂作为源头食品，一旦不合格，会影响到许多食品企业，甚至是一大批使用该食品添加剂的食品的质量安全。如采用工业明胶作为增稠剂，工业明胶通常来源于皮革厂的边角料，其中含重金属铬，铬会破坏人体骨骼、造血干细胞，再如采用铝含量超标的复合膨松剂作为食品添加剂等。此外，许多食品安全事故的发生通常是将非法添加物作为食品添加剂使用，如使用甲醛作为防腐剂，甲醛是Ⅰ类致癌物，使用工业染料酸性橙Ⅱ作为肉制品着色剂等，这些"违法添加的非食用物质"严重危害消费者的身体健

康,也给食品添加剂造成了负面的影响,影响人们对食品添加剂的认知。食品生产者应在达到预期工艺目的的前提下尽可能降低食品添加剂的使用量,同时重视开发天然、营养、功能性食品添加剂,发挥食品添加剂的积极作用,保障食品安全。

第五节　消费风险提示

一、食用肉罐头和自制发酵肉制品应注意的问题

1. 罐装和家庭自制的发酵肉制品属于易被肉毒杆菌污染的食品

肉毒杆菌是一种厌氧菌,即在缺氧环境下才能繁殖、生成芽孢、产生毒素,芽孢有一定的耐热性,肉毒毒素耐酸,因此,低酸性罐头食品(含铁罐、玻璃罐)以及家庭自制的密封腌渍食物是易被肉毒杆菌污染的食品。

2. 我国已制定食品中肉毒杆菌及其毒素的相关检测标准

我国对于密封罐头等可能存在肉毒杆菌污染风险的食品,其微生物要求均为"应符合商业无菌",并制定了相应肉毒杆菌及肉毒毒素检验方法标准和食物中毒诊断标准。

3. 企业应主动依法召回"可能给消费者带来风险的食品"

根据资料显示,美国、加拿大召回可能被肉毒杆菌污染的肉酱、鱼罐头等产品并不是由于肉毒杆菌导致食源性疾病暴发后的行动,而是在调查监测中发现问题和潜在风险后,生产企业的自愿召回行为,属于对社会的食品安全风险预警和对消费者的健康保护。

食品生产经营者应认真遵守我国《食品安全法》和《食品召回实施办法》等有关规定,落实召回责任。食品生产者通过自检自查、公众投诉举报、经营者和监管部门告知等方式,知悉其生产经营的食品属于不安全食品的,应当主动召回。企业经营者应配合食品生产者的召回工作,因自身原因所导致的不安全食品,应在其经营范围内主动召回。

消费者应主动关注企业和监管部门发布的召回信息,不要食用列入召回名单的食品,避免可能的食品安全风险。

图 3-29 　肉罐头

二、食用低温肉制品应注意的问题

低温肉制品是指常压下通过蒸、煮、熏、烤等热加工过程,使肉制品的中心温度控制在 68~72℃,并需在 0~4℃低温环境下储存运输销售的一类肉制品。在商场、超市低温柜中销售的熏煮香肠、熏煮火腿、培根、酱牛肉等产品,均属于低温肉制品。

1. 购买严把关

购买低温肉制品时,应尽量选择具有食品生产经营相应资质的正规厂家、正规渠道。应购买包装完好、标签标识清晰、感官正常、保质期内的低温肉制品,避免购买胀袋或内表面发黏的低温肉制品。购买时,还应关注该产品是否在 0~4℃下冷藏储藏。

2. 冷藏要及时

低温肉制品相对温和的加工和杀菌条件可杀死其中的致病微生物,但由于部分微生物会产生芽孢,能够耐受较高的温度,可能会有部分残留其中,一旦条件适宜就会生长繁殖。因此,低温肉制品购买后,应尽快将其冷藏贮存,并尽量做到单独包装、分类分区存放,避免同生食食品、熟食或无包装食品接触。

3. 食用应尽快

购买的低温肉制品应在保质期内尽快食用。食用时,应注意清洁卫生,刀具、案板和餐具做到生熟分开,避免交叉污染。开封后未食用完的低温肉制品,应放入冰箱中密封保存并尽快食用完毕。避免食用胀袋或有明显异味的低温肉制品。

图 3-30　低温肉制品专柜

三、食用熏烧烤肉制品应注意的问题

1.熏烧烤肉制品有哪些潜在的风险

熏烧烤肉制品的加工温度较高，并且在加工过程中会直接接触燃烧产物，因此可能会产生一些有害物，如燃料不完全燃烧产生的多环芳烃和甲醛，高温加热产生的杂环胺，以及糖类和氨基酸反应产生的丙烯酰胺，这些有害物会增加致癌风险。同时，熏烧烤肉制品生产过程中卫生控制不当、加热不彻底等，还可能会引起腐败菌和致病菌的生长，导致消费者食用后出现腹泻、呕吐等不良反应。

2.如何安全食用熏烧烤肉制品

（1）选购严把关。应通过正规商家超市或电商平台等渠道选购熏烧烤肉制品，并选择正规厂家生产的包装完好、感官正常、标签清晰的产品，避免购买和食用表面发黏、出油、有异味的产品，胀袋产品勿买、勿食。在餐饮场所消费熏烧烤肉制品时，应关注食品经营者的卫生条件。

（2）食用要适量。《中国居民膳食指南（2016版）》指出，过多食用烟熏和腌制肉类可增加肿瘤的发生风险，因此应当少吃，并控制熏烧烤肉制品每天的摄入量。不过，熏烧烤肉制品加工过程中产生的有害物极为微量，产品在满足国家食品安全标准要求时，少量食用并不会对身体健康造成危害。

（3）搭配新鲜果蔬。很多食物对熏烧烤肉制品中的有害物质具有抑制作用，如绿茶能够抑制多环芳烃类化合物苯并[α]芘的毒性，新鲜蔬菜、水果中的叶绿素、维生素 C 等能够降低患癌风险，减少熏烧烤肉制品对健康的危害。在食用熏烧烤肉制品时，建议同时搭配新鲜果蔬及茶类饮品。

（4）自制多注意。自制熏烧烤肉制品原料肉应以瘦肉为主，肉块大小适中。腌制时可以适量添加蒜汁、柠檬汁、桂皮粉等天然物质，以减少熏制和烤制时有害物的生成。加热时建议采用铝箔、香蕉叶包裹，在均匀、彻底加热的同时尽量避免烤煳、烤焦。

图 3-31 熏烧烤肉制品

第六节 常见谣言辨识

1. 素食主义更健康吗？老年人更适合吃素吗

随着人们生活水平的提高，一些因营养过剩导致的高血脂、高血压、肥胖症等"富贵病"的发病率正在增高。于是，人们转而又开始崇尚"素食主义"。但是，素食真的更健康吗？实际上，肉作为优质蛋白、维生素、矿物质的良好来源，对人们的身体健康起着重要的作用。如果完全不吃肉，就需要吃更多的主食才能把蛋白质补上，而且植物蛋白的利用率往往不如动物蛋白那么高。此外，肉制品中含丰富的脂溶性维生素（维生素 A、D、E、K 等）及脂肪酸等，这些物质与人体的视力、皮肤、骨骼等生长发育有密切关系。如果长期吃素，会造成一些营养物质的缺失,对健康造成不良的影响。

老年人活动量、对能量的需求较青壮年人少,但对蛋白质的需要量并不比青壮年少。部分老年人因为担心发胖和心血管疾病,采用以素食为主的饮食,摄入的蛋白质数量和质量均较差,这也是不妥的。长期忌荤食也是一种偏食,会因蛋白质、脂类、脂溶性维生素、部分微量元素摄入不足,导致免疫力下降,诱发疾病。

饮食强调荤素搭配、合理均衡,进补也要遵循科学规律,老年人也应当保障奶蛋、瘦肉、禽类、鱼虾和大豆制品的摄入量。消化吸收功能减退的老年人可适当增加食物的品种,少量多餐,这样既可以保证需要的蛋白质和营养素,又可以使食物得到充分的吸收和利用。

图 3-32　素食

2. 吃肉更易发胖吗

发胖的根本原因在于营养的摄入大于消耗,人一天消耗与补充的热量保持平衡就不会发胖。肉类中足够的蛋白质能提供更长久的饱腹感,不会让人食欲任意疯长而陷入乱吃东西的局面。而且富含蛋白质的混合膳食能延缓餐后血糖的上升速度,减少人体胰岛素的分泌,抑制脂肪的合成。但肉类脂肪也较高,摄入过多会使人发胖,因此肥胖者应节制,但并不是完全不能吃。

我国居民以米面为主食,而肉作为菜品被当作副食。从提供给人的热量上看,主食和副食没有明显差别,胖的主要原因是淀粉(糖)摄入过多,在体内利用不完的情况下转化成脂肪。即便不吃肉,摄入过多主食,也会导致发胖,所以应合理膳食而并非不吃肉,把瘦肉和鱼肉包含在餐谱中,不仅可以享受到难得的美味,而且还能为减肥塑身和健康美丽加分。

图 3-33　红烧肉

3. 爱吃肉制品会折寿吗

据瑞士科学家近期发布针对 45 万人进行的大型调查发现:吃太多的加工肉制品(每天超过 40 克)会缩短人的寿命,吃肉制品量最多的人(每天至少 160 克)比吃得较少的人(每天 10 ~ 20 克)早亡风险增加了 44%;总的来看,少吃加工肉制品会降低人早亡的风险。有关专家建议人们将加工肉制品的摄入量限制在每天 1 盎司(约 28 克)以内,对红肉的摄取量控制在每周 300~600克。

研究推测,加工肉制品导致人们早亡的潜在机制在于:肉制品含有大量的胆固醇和饱和脂肪,容易引发冠心病;加工肉制品在制造过程中还用硝酸盐进行了处理,以改善其颜色、味道和延长保存时间,但硝酸盐会形成亚硝胺,达到一定量后可能引发结肠癌和胃癌;从肉制品中摄取到的大量铁元素也会增加人们患癌症的风险;吃肉量较多的人所吃的果蔬量也会相应减少,更容易染上抽烟喝酒的坏习惯等。

4. 肉制品中少量的亚硝酸盐会不会在体内蓄积,长时间后产生不良效果呢

不会蓄积中毒。亚硝酸盐本身并无致癌效应,它被吸收进入血液之后,在血液中存在的半衰期只有 1~5 分钟,被转化为一氧化氮(NO),因亚硝酸盐已分解,不会在体内蓄积,谈不上"蓄积中毒"的问题。

亚硝酸盐的毒性,主要在于它能够把血红蛋白氧化成为高铁血红蛋白,从而引起缺氧,导致紫绀症。通常认为成年人一次摄入 200 毫克以上的亚硝酸盐可能发生中毒反应。因此亚硝酸盐和硝酸盐,只要不大量摄入,并不会引起明显的毒性反应。

5. 吃腌菜或加工肉制品可能会增加致癌风险,还能吃吗

腌菜或加工肉制品中的亚硝酸盐吸收进入体内之后,会很快分解,它本身并不致癌。但是,亚硝酸盐可以在酸性条件下与蛋白质的分解产物发生反应,形成亚硝胺、亚硝酰胺、亚硝脲类化合物,这几类化合物达到一定数量后才有致癌性。

对于致癌性,学者发现了很多相关因素,例如膳食中缺乏 B 族维生素、维生素 C、维生素 A 等,都可能增加患癌风险。维生素 C、维生素 E 和一些多酚类物质能够阻断亚硝酸盐合成亚硝胺的过程,鲜大蒜、鲜姜、鲜辣椒等放入腌菜中也有减少亚硝酸盐合成和阻断致癌物形成的作用,富含维生素的新鲜蔬菜水果能部分消除亚硝酸盐合成致癌物的隐患。当然,从营养和保健价值来说,腌菜或加工肉制品不及新鲜蔬菜和新鲜肉制品健康,因此大量食用它们,是不明智的,日常生活中应注意合理搭配,均衡饮食。

第四章 水产品

第一节 概 述

本文所说的水产品是指海洋和淡水渔业生产的动物,可以分为淡水鱼、淡水虾、淡水蟹、海水鱼、海水虾、海水蟹、贝类和其他水产品八个细类。

淡水鱼虾蟹类,指的是能生活在盐度为 0.3％ 的淡水中的鱼虾蟹。我国国土自东向西深深低嵌入欧亚大陆内部,只有东部地区沿海,淡水中的鱼虾蟹便成为了我国水产品中消费得最多的一类产品,其中既包括青鱼、草鱼、鳙鱼、鲫鱼等土著淡水动物,也包括随着全球一体化进程推进,迁居过来的罗非鱼等进口淡水鱼类。

海水鱼虾蟹类,指的是生活在海水中的鱼虾蟹类动物,主要包括黄鱼、带鱼、鲳鱼、鳕鱼等。

贝类,因为一般体外披有 1～2 块贝壳而得名。贝类中有 80％ 生活在海水环境中,主要包括牡蛎、贝、田螺等。

其他水产品,指不属于以上几种类别中的水产动物,包括甲鱼、牛蛙、鱿鱼、章鱼、墨鱼等。

第二节 选购知识

普通消费者无法通过专业的检测手段确定所选食材的好坏,以下简单介绍一些日常生活中的选购方法。

一、淡水鱼类的选购

在购买淡水鱼时尽量选择新鲜活鱼,并观察体表、鳞片、眼、鳃等部位。健康的活鱼体表鳞片完整,紧密且有光亮,表皮黏液较少呈透明状,无异味;鱼眼部澄明,向外稍稍突出,四周无充血及发红现象;鱼鳃呈鲜红色或者粉红色,鳃盖紧闭;鱼肉组织紧密结实,富有弹性。

1. 鲫鱼的选购

鲫鱼是一种淡水鱼,含有丰富的蛋白质、脂肪和矿物质,其食用肉质细腻,老少皆宜,对人体益处多多。新鲜的鲫鱼,其眼睛是凸的,眼球黑白分明;雌鱼的胸鳍末端是圆钝形的,而雄鱼却是尖状的,挑选鲫鱼要看鱼的大小和体形,同一产地的同龄雌鱼总是比雄鱼体型大些。

图 4-1 鲫鱼

2. 草鱼的选购

新鲜草鱼的鱼鳃丝呈鲜红色,黏液透明,并且具有一定的咸腥味或土腥味;表面有透明黏液,鳞片有光泽且与鱼体贴附紧密,不易脱落;肉质坚实有弹性,指压后凹陷立即消失,无异味,新鲜草鱼的腹部一般不会膨胀。

图 4-2 草鱼

二、海水鱼类的选购

海水鱼在市场上一般都是以冷冻状态出售,外层覆盖有冰,极为坚硬。在解冻后极易变质,要立即食用,不要将其放入冰箱二次冷冻。

1. 黄鱼的选购

大黄鱼与三牙鱼、白姑鱼长相很接近,但价格相差极大,有些不法商贩往往挂羊头卖狗肉,为此广大消费者需要擦亮眼睛。如果是染色白姑鱼,可用卫生纸擦鱼身,会留下明显黄色,冷冻的冰面上也会呈现黄色。此外通过鱼嘴的形状也可鉴定真假,大黄鱼的嘴是圆的,而三牙鱼和白姑鱼的嘴是尖的。

图 4-3　黄鱼

2. 带鱼的选购

质量好的带鱼,体表富有光泽,全身鳞全,不易脱落,翅全,无破肚和断头现象。鱼眼球饱满,角膜透明。肌肉厚实,有弹性。

图 4-4　带鱼

三、虾类的选购

选购虾类,首先查看其胸节和腹节处的连接程度,死掉的虾子由于极易腐败,关节处往往十分松弛;其次查看体表颜色,虾体变质分解时,即与蛋白质脱离而产生虾红素,使虾体泛红;再次观察虾体延伸曲力,刚死不久的虾子体内组织完好,细胞充盈着水分,富有弹力。

1. 小龙虾选购

小龙虾最好吃的时候是五到十月份,黄满肉肥,连大螯上的三节都是从头塞到尾的弹牙雪肌。看养殖小龙虾是清水还是浑水,一看背部,红亮干净,这就尚可,再翻开看它的腹部绒毛和爪上的毫毛,这里如果是白净整齐,基本上是干净水质养出来的。由于小龙虾以动物尸体为食,细菌和毒素只会越来越多地积存在体内,所以尽量要买刚刚长大的龙虾,老龙虾红得发黑或红中带铁青色,青壮龙虾则红得艳而不俗,有一种自然健康的光泽。身软、活力不足的虾不新鲜尽量不买,腐败变质虾不可食用。

图 4-5 小龙虾

2. 河虾的选购

鲜活的河虾有正常的腥味,虾体外表洁净,用手摸有干燥感;虾头尾完整,头尾与身体紧密相连,虾身较挺,有一定的弹性和弯曲度;虾壳与虾肉之间黏得很紧密,用手剥取虾肉时,虾肉黏手,需要稍用一些力气才能剥掉虾壳;但当虾体将近变质时,甲壳下一层分泌黏液的颗粒细胞崩解,较多黏液渗到体表,摸着就有滑腻感;如果有异味臭,则说明虾已变质。

图 4-6　河虾

3. 龙虾的选购

市面上的龙虾种类很多,一般以产地的不同命名,其中常见的有波士顿龙虾、澳洲龙虾、法国蓝龙虾等。波士顿龙虾主要来自于美国或加拿大,容易辨认,有一双大蟹钳,虾身较细,根据水域的不同,呈灰黑色或花色或深咖啡色;澳洲龙虾基本为浅咖啡色,体型大,肉质实,适合做刺身或炒制;法国蓝龙虾色偏深蓝。波士顿龙虾和法国蓝龙虾有螯,澳洲龙虾无大螯。

区别龙虾的好坏,主要观察其是否生猛;当外物靠近龙虾尾部时,尾部会张开的龙虾相较于尾部紧闭的龙虾更具有活力;同样,螯会自动上扬的龙虾比螯耷拉着的龙虾更具活力。

图 4-7　龙虾

四、蟹类的选购

新鲜的蟹类步足和躯干连接紧密,提起它时,步足不松弛下垂;新鲜的蟹类体型饱满,富有光泽,鳃部清洁,连续吐沫有声,将螃蟹置于灯光下观察,蟹盖边缘不透光,其中最常见的有大闸蟹。

大闸蟹的学名叫做中华绒螯蟹,又称河蟹、毛蟹、清水蟹,是一种经济蟹类,是中国久负盛名的美食;好的蟹是比较重,在同样大小的情况下,较重的那只说明肉更多、黄(膏)更满;有活力的螃蟹说明新鲜而且健康,但是有一点要注意,现在市场上很多螃蟹都是捆好了卖的,这是怕螃蟹活动过多消耗了自己的重量和掉腿,这种情况我们只要轻轻碰触蟹眼,有活力的螃蟹会快速把突出的眼睛躲闪开;看颜色,一是蟹壳要青、蟹腹要白,二是蟹尾部要发红或发黄,且高高翘起,这证明蟹黄(膏)很满。

图 4-8　螃蟹

五、贝类的选购

新鲜的贝类外壳富有光泽,肢体硬实而具有弹性,当用手触碰便会紧密合起。

1. 牡蛎的选购

牡蛎是一种味道鲜美的贝类食品。新鲜而质量好的牡蛎蛎体饱满或稍软,呈乳白色,体液澄清,白色或淡灰色,有牡蛎固有的气味。

2. 蚶子的选购

新鲜的蚶子,外壳亮洁,两片贝壳紧闭严密,不易打开,闻之无异味,如果壳体皮毛脱落,外壳变黑,两片贝壳开启,闻之有异味,说明是死蚶子,不能吃。

3．花蛤的选购

新鲜的花蛤，外壳具固有的色泽，平时微张口，受惊时两片贝壳紧密闭合，斧足和触管伸缩灵活，具固有气味，如果两片贝壳开口，斧足和触管无伸缩能力，闻之有异臭味，不能吃。

六、其他水产品的选购

1．甲鱼的选购

甲鱼有人工饲养和野生的，人工饲养的甲鱼甲背粗糙无光泽，用手摸甲背感觉有不平和刺手，而野生的甲鱼甲背很有光泽，用手摸很平滑；人工饲养的颜色多肥厚，剖开可见许多肥油，而野生的甲背和甲底颜色多为深黄色，仔细观察四肢，皮肤也为浅黄色，剖开极少见有大量的油脂；当你看到动作比较敏捷的，腹部有光泽的，可以暂时断定为好的甲鱼。

图 4-9　甲鱼

2．鱿鱼的选购

优质的鱿鱼体形完整，呈粉红色，有光泽，体表略现白霜，肉肥厚，半透明，鱼头与身体连接紧密，不易扯断；按压鱼身上的膜，紧实、有弹性；优质鱿鱼尺寸不会太大，也不会太小，一只手掌大小恰好；优质鱿鱼干则应柔软、不生硬，体形完整坚实，肉肥厚，微透红色，无霉点。

图 4-10　鱿鱼

3．墨鱼的选购

看体表，背面全白或骨上皮稍有紫色的，为质量上乘的墨鱼，背面全部深紫色或稍有红色的，为质量差的墨鱼；看肌肉，去皮后，肌肉呈白色为质量上乘的墨鱼，肌肉呈微红色的为质量较差的墨鱼；闻气味，具有墨鱼固有的淡淡的腥味或海水气味的，是质量好的墨鱼，闻之有强烈异臭的，是质量差的墨鱼。

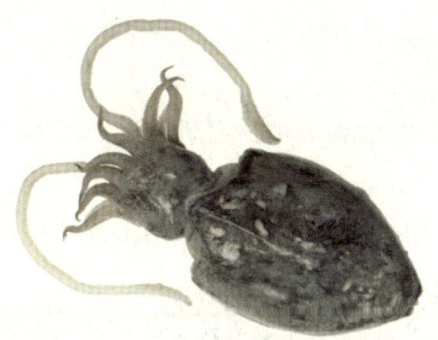

图 4-11　墨鱼

第三节　储运知识

鱼：去掉内脏、鳞片，用旧牙刷将鱼肚内脏污洗净，用厨房纸巾吸干水分，用塑胶袋装好，可冷藏 2～3 天。

鲜虾：在放有冰块的水中，先洗净鲜虾，用剪刀剪掉头须、脚，再用牙签或竹签挑去肠泥(待处理、处理好的鲜虾要放在冰块水中)，以虾子不重叠的方式和冰块一起放入密封袋中冷冻，保鲜度较好，可保存 2～3 周。

花枝(墨鱼)：清洗过后沥干水分，把身体、内脏、脚切分开来，身体再切成片，放入密封袋中冷冻，可保存 2～3 周。

蛤蜊：先用容器装水放少许的盐吐沙，沥干后放入塑胶袋中冷藏，可保存约 2 天。

生蚝：新鲜的生蚝最好是尽快食用，不宜存放太久。可以将新鲜的生蚝用清水洗刷干净，放入水盆里，滴几滴香油，保存 1～2 天。

蟹类：将螃蟹的腿用绳子捆起来，这样做是为了减少螃蟹的体力消耗，然后用湿毛巾盖住，放到冰箱保鲜层里。每次吃的时候先挑选活力不足的，活力足的螃蟹可以继续保存，但不应将螃蟹放置冰箱储存太久。

第四节　污染源分析

水产品中污染源主要来自禁用兽药的违规使用、农药污染、重金属污染等方面。

（1）禁用兽药的违规使用。养殖户在防治水产动物疾病或者在运输过程中为防止动物死亡而违法添加的一些药物。这类药物都有着一些共同特点，价格低廉，见效快，但对消费者存在健康安全风险。其中比较常见的有孔雀石绿、硝基呋喃类、氯霉素等药物。

（2）滥用允许使用的药物。养殖户在水产养殖过程中由于使用不当，造成产品体内的药物残留超出相关标准规定，如磺胺类药物、恩诺沙星等。

图 4-12　养殖水塘

（3）农药污染。这类污染物并非有意添加，而是由于农业生产中灌溉或者雨天随水渗入水产养殖场内，造成在养殖水产品中的残留，如二嗪农等。

（4）重金属污染。这类污染一般是由于养殖环境受到工业三废和生活污水的污染，导致重金属元素（镉、砷、铅、汞）在动物体内富集。

（5）防腐剂的违规使用。根据 GB 2760—2014《食品安全国家标准　食品添加剂使用标准》，海水虾蟹类产品允许添加一定量的二氧化硫用作防腐、保鲜之用，但同时也可能因为使用过量而造成残留。

第五节　消费风险提示

水产品保存不当很容易腐败变质,食之会引起中毒,损害人体健康。不宜吃的水产品主要有:

(1)死鳝鱼、死甲鱼、死河蟹不能吃。上述水产品只能活宰现吃,不能死后再宰食,因为它们的肠胃里带有大量的致病细菌和有毒物质,一旦死后便会迅速繁殖和扩散,食之极易中毒甚至有生命危险,所以不能吃。

(2)皮青肉红的淡水鱼不应吃。这类鱼往往鱼肉已经腐烂变质,由于含组胺较高,食后会引起中毒,故绝对不可食用。

(3)染色的水产品切勿吃。有些不法商贩将一些不新鲜的水产品进行加工,如给黄花鱼染上黄色,给带鱼抹上银粉,再将其速冻起来冒充新鲜水产品出售,以获厚利。着色用的化学染料对人体健康不利,所以购买这类鱼时一定要细心辨别。

(4)用对人体有害的防腐剂保鲜的水产品不宜吃。有些较名贵的鱼类通常是吃鲜活的,如死了再速冻就卖不出好价钱了,所以有些商贩将这些名贵死鱼泡在亚硝酸盐或经稀释的甲醛溶液中,或将少量甲醛注入鱼体中,甚至将鱼放在含有毒性较强的甲醛溶液中浸泡以保持鱼的新鲜度。这类水产品对人体危害是很大的,不可食用。

(5)各种畸形的鱼不能吃。各江河湖海水域极易受到农药以及含有汞、铅、铜、锌等金属废水、废物的污染,从而导致生活在这些水域环境中的鱼类也受到侵害,一些鱼类生长不正常,如头大尾小、眼球突出、脊椎弯曲、鳞片脱落等。购买时要仔细观察,发现各种畸形的鱼以及食用时若发现鱼有煤油味、火药味、氨味以及其他不正常的气味时,就应毫不犹豫地弃掉,以保安全。

1. 食用水产品时要注意的问题有哪些

水产品虽然好吃,但在食用时要注意以下问题:

尽量选购活海鲜,有甲壳的海鲜,需要将外壳刷洗干净。贝壳类海鲜烹煮前应在淡盐水中泡约一小时,让它自动吐出泥沙。

海鲜不宜暴食。暴食海鲜容易造成脾胃受损，引发消化道疾病。

海鲜不宜搭配的食物有：啤酒（产生过多的尿酸，引发痛风）；含有鞣酸的水果，如葡萄、石榴、山楂、柿子等（刺激肠胃，出现不适症状）；寒凉的食物，如空心菜、黄瓜、西瓜、冰淇淋等。

不宜多食海鲜的特殊人群：孕妇及哺乳期妇女；患有痛风、关节炎和高尿酸血症的病人；甲状腺亢进的病人。

常见的感染人体的寄生虫主要有线虫、绦虫、吸虫、孢子虫、鞭毛虫、叶足虫。而可能通过生食淡水鱼肉感染的寄生虫主要是吸虫中的肝吸虫，它以淡水鱼、虾为中间宿主，以人或其它哺乳动物为终宿主。其它如肺吸虫、日本血吸虫虽然以人为终宿主，但是中间宿主并不是鱼，而是淡水蟹和螺。所以不但淡水鱼不能生吃，淡水虾、蟹、螺也同样不能生吃，而海水中的这些动物可是人们非常喜爱的生吃食材。

肯定有人会问了，既然有寄生虫能够以淡水鱼为中间宿主感染人，那么也可能有其它寄生虫以海水鱼为中间宿主感染人呀。这就牵涉到生物进化的原理了，陆地上的哺乳动物有很多的机会吃到淡水鱼肉，那么以淡水鱼为中间宿主，以陆地哺乳动物为终宿主的寄生虫就有很大的机会繁衍生存下来；而陆地哺乳动物包括以前的人类吃到海水鱼肉的机会很少，以海水鱼为中间宿主，以陆地哺乳动物为终宿主的寄生虫繁衍生存的机会就很小。因此在漫长的生物进化过程中，以海水鱼为中间宿主的寄生虫其生活史中往往不会包含人类或者其它陆地哺乳动物，所以我们生食海水鱼肉大部分情况下是相对安全的。

不过，海水鱼并非没有寄生虫，只是它身上的寄生虫往往并不以人体为其生活史的中间环节。这是生物进化选择的结果，而并非如某些商家所言，寄生虫不能在咸水里生活，虹鳟鱼加点盐就安全了，生食海水鱼的安全也只是相对淡水鱼而言。

第六节　常见谣言辨识

1. 据说小龙虾是一种虫子,生长环境恶劣,体内聚集了很多重金属,那么小龙虾还能吃吗

小龙虾的真名叫"克氏原螯虾",是一种淡水虾,不是虫子。小龙虾原产于美国东南部,所以又叫美国螯虾,它是最具食用价值的淡水龙虾品种。小龙虾是杂食动物,以水底有机质、水草、藻类、水生昆虫、有机碎屑等为食。因为它食性杂,所以生命力很强,能在污染水体中生存,但这并不能说明小龙虾喜欢在污水里生活。野生小龙虾生长在稻田和水沟里,但为了满足市场需求,目前小龙虾绝大多数是人工养殖的,且养殖基地对水的洁净度要求很高。

此外,由于小龙虾环境适应能力很强,能够在污染严重的地方存活下来。但是,它摄入的重金属大部分被转移到了外壳,且随着不断生长和脱壳,这些重金属毒素被移出体外,所以肉里的重金属未必会超标。即使水中有重金属,从生物富集的角度来说,重金属一般集中在小龙虾的头部,且不会积聚太多,消费者在吃小龙虾时只要不吃虾头即可。

2. 市场上经常看到又粗又大的黄鳝,是因为用避孕药催肥的吗

黄鳝变得又粗又大是因为在饲养过程中,采用了科学的饲养方法,解决了影响黄鳝生长的水温和饵料等问题,与避孕药无关。

黄鳝刺少肉厚,营养价值较高,属高蛋白、低脂肪食品。黄鳝是以肉食性饵料为主的杂食性鱼类,喜欢吃鲜活饵料,不吃腐烂变质的食物。黄鳝有忍耐饥饿的本领,吃饱一餐,通常可以3天至5天不吃食物。因此,黄鳝的摄食能力和饵料来源有关,其生长速度与摄食量多少有关。黄鳝在长期不摄食的情况下虽不会死亡,但体重会明显降低。如果使用避孕药,不仅不能促进黄鳝生长,反而会加速其死亡。因为黄鳝吃了添加激素的饲料后,可能出现代谢紊乱,导致抗病力差,严重时会死亡。

3. 有网上传言说鱼贩子为了让鱼更活跃,会在水中添加一些药物,而且人食用这样的鱼后会致癌,是真的吗

网友所说的药物应该是"鱼浮灵",这个谣言早在 2012 年就出现了。事实上,"鱼浮灵"既非回生神药,也无毒害,而是固体双氧水,主要成分是过氧碳酸钠,投放到水中后,会水解为碳酸钠和双氧水,碳酸钠将提高水的 pH 值,双氧水碱性条件下更容易释放氧气,从而起到提高水体溶解氧的效果。

但个别不法商贩可能使用不符合要求的化工品过氧碳酸钠来替代渔业用"鱼浮灵",这种情况下确实有可能存在引入重金属等有害成分的风险。消费者应通过正规渠道购买水产品。

第五章　水产制品

第一节　概　述

一、水产制品定义

水产制品是指将各类水产品经过加工而成的水产加工品。

二、水产制品分类

水产制品按其加工工艺的不同,分为干制水产品、盐渍水产品、鱼糜制品、熟制动物性水产制品、生食水产品、水生动物油脂及制品和水产深加工品。

1. 干制水产品

它是指以鲜、冻动物性水产品或海水藻类为原料,经相应工艺加工制成的产品,包括藻类干制品和预制动物性水产干制品。

（1）藻类干制品是指以海水藻类为原料,添加或不添加辅料,经相应工艺加工制成的干制品,包括淡干海带、紫菜、马尾藻等藻类干制品。

图 5-1　藻类干制品

（2）预制动物性水产干制品是指以鲜、冻动物性水产品为原料,添加或不添加辅料,经干燥工艺而制成的不可直接食用的干制品。包括鱼类干制品、虾类干制品、贝类干制品、其他水产干制品。

图 5-2 预制动物性水产干制品

2. 盐渍水产品

它是指以新鲜海藻、水母、鲜(冻)鱼等为原料,经相应工艺加工制成的不可直接食用的产品。包括盐渍鱼(以鲜、冻鱼为原料,经盐腌加工,制成的不可直接食用的盐渍水产品,主要有碱鲅鱼、咸鳓鱼、咸黄鱼等鱼类腌制品)、盐渍藻(盐渍海带、盐渍裙带菜等)和其他盐渍水产品(盐渍海蜇皮和盐渍海蜇头等)。

图 5-3 盐渍水产品

3. 预制鱼糜制品

它是指以鲜(冻)鱼、贝类、甲壳类、头足类等动物性水产品肉糜为主要原

图 5-4 预制鱼糜制品

料,添加辅料,经相应工艺加工制成的不可直接食用的产品,包括鱼丸、虾丸、墨鱼丸和其他。

4. 熟制动物性水产制品

它是指以鲜、冻动物性水产品为原料,添加或不添加辅料,经烹调、油炸、熏烤、干制等工艺熟制而成的可直接食用的水产制品,主要包括风味熟制水产品(烤鱼片、鱿鱼丝、熏鱼、鱼松、炸鱼、即食海参、即食鲍鱼、其他)、即食动物性水产干制品、即食鱼糜制品和其他。

图 5-5　熟制动物性水产制品

5. 生食动物性水产品

它是指以鲜、冻动物性水产品为原料,食用前经洁净加工而不经加热熟制即可直接食用的水产制品,包括腌制生食动物性水产品和即食生食动物性水产品。腌制生食动物性水产品以活的泥螺、贝类、淡水蟹和新鲜或冷冻海蟹、鱼籽等动物性水产品为原料,采用盐渍或糟、醉加工制成的可直接食用的腌制品,包括醉虾、醉泥螺、醉蚶等。即食生食动物性水产品以鲜、活、冷藏、冷冻的

图 5-6　生食动物性水产品

鱼类、甲壳类、贝类、头足类等动物性水产品为原料,经洁净加工而未经腌制或熟制的可直接食用的水产品,包括生鱼片、生螺片和海蜇丝等。

6．水生动物油脂及制品

它是指以海洋动物为原料经相应工艺加工制成的油脂或油脂制品,包括鱼体油、鱼肝油和海兽油等。

图 5-7　水生动物油脂及制品

7．水产深加工品

它是指以水生动植物或水生动物的副产品为原料,经特殊工艺加工制成的产品,包括海参胶囊、牡蛎胶囊、甲壳素、海藻胶、海珍品口服液、螺旋藻和多肽类等。

图 5-8　水产深加工品

第二节　选购知识

一、购买水产制品应注意的问题

消费者选购时注意以下几点：

（1）注意商品外观。好的商品一般色泽均匀，具有该品种的特有风味，如烤鱼片应平整，片形完好，且组织纤维非常明显。

（2）购买时尽量选购近期生产的商品。

（3）产品包装上的标签标识应齐全，特别要查看生产日期、净含量、配料表、厂名、厂址等。

二、如何选购各类水产制品

1．如何选购紫菜、海带

（1）紫菜选购。优质紫菜表面有光泽，片薄，呈紫褐色或紫红色；口感柔软，有芳香味；清洁而无杂质。质次紫菜表面光泽差，厚薄不均匀，呈红色并夹杂有绿色；口感芳香味差；有夹杂物。

（2）海带选购。优质海带色泽为深褐色或深绿色，叶片长而宽阔，肉厚且不带根；表面有微呈白色粉状的甘露醇，含砂量和杂质量均很少。质次海带色泽呈黄绿色，叶片短狭而肉薄；一般含砂量较高。

2．如何选购墨鱼干、虾米

（1）墨鱼干选购。优质墨鱼干清洁有光泽，体长，片大完整，匀称平展，片厚干燥硬实，有香气。质次墨鱼干可能表面有霉花斑、虫蛀、严重受潮、不成形、有霉气、粘手等现象。

（2）虾米选购。新鲜的虾米，它的颜色是天然的、透明的，有一点琥珀色；变质的虾一般通体是红颜色。

3．如何选购盐渍鱼

质量好的新鲜盐渍鱼，条形完整，体表清洁，鳞片整齐，含盐适度，肉质坚韧，无发黏及腐败异味。不新鲜的盐渍鱼，一般体表不洁，有部分霉变，发红，且有轻度臭味及小部分骨肉分离现象，这种咸鱼去掉变质部分，彻底清洗，切成小块烧煮透后,可供食用;但严重变质,如腐败、生虫、肌肉松弛、有明显腐败臭味的,不可食用。

4. 如何选购预制鱼糜制品

购买此类商品时,要查看内容物是否变色。要查看标签标识上的生产日期、净含量、配料表、厂名、厂址等,选购保质期内的商品。

5. 如何选购烤鱼片、鱼松

(1)烤鱼片选购:一是选购最新生产的产品。烤鱼片的保质期相对较短,尤其是存放在温度高的环境中易发生霉变。二是不要一味求"白",因为非常白的烤鱼片可能使用了漂白剂或添加了淀粉类物质,好的烤鱼片一般呈黄白色、微黄色。三是买袋装的较好。散装的烤鱼片直接暴露在空气中,被细菌、灰尘等污染的可能性也更大。即使是袋装的,开袋后也不宜放置过久。如果在食用时发现发黏、有异味的,说明已变质不宜食用。

(2)鱼松选购:①出厂日期。一般软包装的可保存半年,罐装的可保存一年左右,对于已开包、开盖的不宜久放。②看外观。质量好的鱼松,其颜色应是金黄色或淡黄色的,有光泽,呈疏松絮状,气味和滋味正常,不应有结块和其他异常。

6. 如何选购生鱼片

并不是什么鱼类都适合制成生鱼片的,生鱼片要选用鲜嫩的鱼类。选没什么鱼刺的,或鱼刺比较大容易挑出来的。看色泽,新鲜的鱼肉颜色鲜亮有光泽。新鲜的鱼肉,一般是非常紧实的,相反,不新鲜的鱼,肉质比较松散。

7. 如何选购鱼肝油

鱼肝油选购主要从以下三方面考虑:①剂型。维生素 A、维生素 D 都是脂溶性维生素,因此软胶囊(或滴剂)和乳剂是它们的最佳保存方式。②颜色。鱼肝油的颜色由淡黄色至橙红色不等,这主要与其类型和添加成分有关。③腥味。目前的提取工艺还不能完全去掉鱼肝油的腥味。如果某种鱼肝油格外腥,可查看一下它的成分表里是否含有二十二碳六烯酸(DHA),即俗称的脑黄金,因为它本身也有腥味。

三、典型水产制品的烹饪

1. 墨鱼干的烹饪

墨鱼干在食用前需要提前泡发。首先将墨鱼干用冷水浸泡3小时,待稍泡发后,将其外皮去除再放进盆子里。用纯碱、石灰水和开水,三者的比例大致是2∶3∶5配成熟碱水,将去了皮的墨鱼干放进去,水量以没过墨鱼干的高度为宜。约3小时后,将泡好的墨鱼捞出,用冷水漂洗干净即可进行烹调食用。泡发好的墨鱼烹饪方法有红烧、爆炒、熘、炖、烩、凉拌、煲汤,还可制成墨鱼馅饺子和墨鱼肉丸子。

图 5-9　墨鱼干的烹饪

2. 紫菜的烹饪

一般家庭多用水发泡洗后沏汤,其实紫菜的吃法还有很多,如凉拌、炒食、制馅、炸丸子、脆爆,作为配菜或主菜与鸡蛋、肉类、冬菇、豌豆尖和胡萝卜等搭配做菜。

图 5-10　紫菜的烹饪

3. 海带的烹饪

泡发好的海带,可以凉拌做拌三丝、酸辣海带丝,也可以煮海带汤、煮火锅;冬季做大烩菜的时候,放入点海带丝,一起炖煮,不仅味道好,营养也更全面。

图 5-11　海带的烹饪

第三节　储运知识

水产制品种类较多,现对几类典型的水产制品如何保存、运输作简单介绍。

1. 干制水产品如何储存

干制水产品买后用保鲜盒或者密封保鲜袋封装,可放到冰箱的保鲜或者冷藏格。如不放冰箱,在干货密封保存之前应尽量晾干。如果采购回来的干货有点潮又无法自然晾干,有个便捷的办法:将干货用容器盛好,放入微波炉中高火加热 20~30 秒,取出摊在可吸潮的纸上放到完全凉,再放入好点的密封罐,置于阴凉通风无潮处,可以真正防虫防霉。若因处理失当而发现干货有轻微发霉,可用牙刷加少许水分擦净,将之风干即可(切记不要太阳晒,否则将严重影响质量)。不要将海产干货长时间存放在冰箱中,晒干后放在冰箱也容易引起冰箱异味。

2. 盐渍水产品如何储存

(1)水产品腌制好晒干以后用塑料袋包裹好,放到冰箱的冷冻室,这样可以存放一年。(2)把腌制好的水产品切成小块,找一个小坛子,最好是瓷的,将水产品放在里面,放一层散一点白酒,到最上面的时候用筷子把水产品压住,然后用小酒杯盛一杯白酒放在筷子上,最后将瓷坛子口封紧,这样放上半年都不会坏。

3．预制鱼糜制品如何储运

图 5-12　冷链运输车

预制鱼糜制品的储运设备应具备低温保藏功能，运输过程要求保持产品温度低于或等于 –18℃贮存。产品贮存于清洁卫生、无异味的冷冻库中，要求库温低于或等于 –18℃，保质期为 12 个月。

4．熟制动物性水产制品如何储存

对于风味熟制水产制品晒干正常存放就可以，应存放在低温、通风、干燥处，特别注意不能存放于阴潮的地方，所以不建议用冰箱保存，因为冰箱内有潮气，会加速变质。如果采取真空包装，可延长存放；即食动物性水产干制品、即食鱼糜制品则最好是真空包装在阴凉干燥处存放。

5．生食动物性水产品如何储存

生食动物性水产品主要原料为新鲜生制水产品，通常比常见的畜禽肉类更易滋生微生物，自身内源酶的作用也更加突出，放置过久容易滋生细菌，因此该类产品最好是现做现吃，避免存放。

第四节　污染源分析

1．重金属污染

重金属污染是指由重金属或其他化合物造成的环境污染。主要是铅、镉、铬、汞、砷等，它们是公认的有毒有害元素。其污染主要是工业废水、生活污水的直接排放，导致周边水域重金属污染；或者是来自河流的间接输送，受污染的河流汇集流入造成污染加剧。因此消费者在选购水产制品时要特别关注产地。

图 5-13　油污烟尘

2．微生物污染

副溶血性弧菌存在于水体，是水产品引起食物中毒的主要致病菌，在微生物引起的食物中毒中，副溶血性弧菌居各种病因之首。对于过期或者已经霉变的产品应避免食用。肝吸虫囊蚴存在于淡水鱼虾中，人群肝吸虫感染率与生食鱼有直接关系，不洁净鱼是引发食物中毒的原因之一。因此，消费者在食用醉虾等生食动物性水产品时一定要注意饮食安全，卫生食用。

图 5-14　微生物

3．农兽药残留污染

养殖环节用药不当是导致农兽药残留的最主要原因。抗生素等农兽药常用来作为杀菌剂、杀虫剂、杀寄生虫剂、杀藻剂、除草剂、杀杂鱼药物、杀螺剂，它们或被投放到养殖水体中或被添加到饲料中，最终富集于体内造成药物残留。此外，还包括促进产卵或生长的激素，提高免疫能力的疫苗，消毒水，以及改良水质、增加生产力的化合物等。由于对病虫害的恐惧，个别不法渔农在养殖过程中盲目用药也易造成农兽药残留污染。另外在水产干制品生产和运输过程中,喷洒防腐防虫防霉变的农药如敌敌畏、敌百虫等,给食用者造成了安全隐患。

图 5-15　农兽药

第五节　消费风险提示

1．重金属污染要小心

对于污染水域产地的水产制品要警惕重金属污染风险,尤其是处于食物链顶端的产品,更容易通过食物链产生重金属在体内的富集。

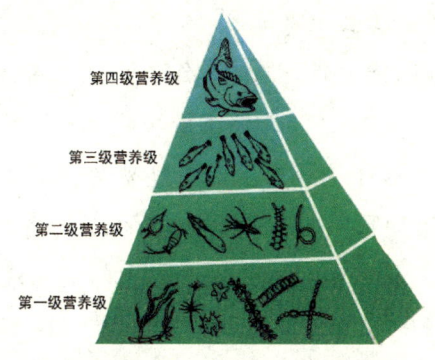

第四级营养级

第三级营养级

第二级营养级

第一级营养级

图 5-16　水产品食物链

2．颜色过黄过亮产品需谨慎

亚硫酸盐类食品添加剂可以作为漂白剂、护色剂、抗氧化剂用于经表面处理的新鲜水果、水果干类、蜜饯凉果、果酱等食品类别，而预制动物性水产干制品是不得使用的，一些不良商贩为了提高产品的色泽度和保存期，便将其使用在一些预制动物性水产干制品的熏制过程中。所以我们在购买该类产品时，如发现产品有刺鼻气味，同时颜色鲜亮，就要提防可能存在使用亚硫酸盐的风险。

3. 过期产品莫贪图便宜

在一些路边摊上，我们有时会遇到一些处理产品，这些产品有些是过期的，虽然这些产品便宜，但是我们千万不能贪图便宜。因为过期的产品往往存在霉变的风险，霉变的食物含有大量的霉菌，会导致消化道菌群混乱，食物中毒，甚至引起急腹症。同时发霉的食物多含有黄曲霉毒素，它是一种毒性极强的物质，进入人体以后对人的肝脏组织有极强的破坏性，因此我们要杜绝食用该类产品。

4. 生食动物性水产品有讲究

生食动物性水产品容易存在寄生虫，应选购洁净水域的产品，同时在制作时尽量采取相应措施消除寄生虫隐患，防止饮食安全事故的发生。

第六节　常见谣言辨识

1. 网传塑料紫菜到底怎么回事

最近，网上一条视频称紫菜撕不断，嚼不碎，还有腥臭味，都是废弃的黑塑料做的。百姓们不禁大吸一口凉气，紫菜不敢再吃了。到底是咋回事儿？其实，视频中出现的情况完全可以用紫菜自身的特性来解释：紫菜展开后本身就是半透明的，视频中紫菜出现嚼不动、咬不烂、扯不断的情况，可能是因为泡紫菜的水温度不够；颜色呈黑褐色可能是因为储存时间比较久了；至于"腥臭味"，其实这是紫菜本身的味道，主要是由 1- 辛烯 -3- 醇和庚二烯醛两种风味物质造成。这些都不能说明紫菜存在质量问题，更不能支持视频中"塑料假紫菜"的说法。

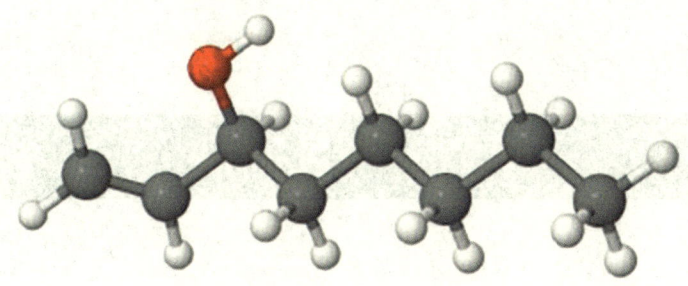

图 5-17　1-辛烯-3-醇

2. 翠绿色海带是用色素染的

海带属于褐藻,含有叶绿素、藻黄素等天然色素,可呈现不同色泽;新鲜海带漂烫变色是正常现象,而且通常是新鲜海带才会有变色的表现。为方便储存和运输,海带往往以干海带形式销售,泡发之后是黄褐色。市场上海带品种不,新鲜海带既有褐色的,也有绿色的,并不是造假。此外,海带的颜色也与当地海洋光照条件等因素有关。让海带变绿的方式很多,但是用色素染色可能性小,这种行为严重违法,容易被追究刑事责任,一旦被抓得不偿失。另外,色素染色会出现着色不均匀、浸泡后容易脱色等问题,很容易会被识破。商家何必自找麻烦呢?

图 5-18　翠绿色海带

第六章 乳制品

第一节 概　述

　　乳制品行业在中国是一个朝阳产业，虽然起步较晚，但发展迅速。而在2008年三聚氰胺事件发生后，我国乳制品行业受到了严重打击。之后政府加强了对乳制品行业的整改，提升了入行门槛，同时乳品企业积极提升产品品质。近年来随着政府出台一系列有利于乳业发展的政策，中国乳制品行业转变增长方式，向产品创新、工艺创新方向发力，同时我国奶业质量安全水平也大幅提升。

　　随着乳制品行业的蓬勃发展，消费者对乳制品的观念也由特殊人群的营养品转化为大众化的营养食品。同时为了迎合消费者的喜好，乳品企业也在不断应用新技术开发新产品。作为消费者不光要注重"口感"、"口味"，更加要关心其营养成分及功能性、安全性，确保食品安全。

一、乳制品的定义

　　乳制品（dairy products），是指采用生鲜牛乳或羊乳及其加工制品为主要原

图 6-1　乳制品

料,加入或不加入适量的矿物质、维生素等其他营养强化物,在符合法律法规及标准规定所要求的条件下加工制成的各种食品。

二、乳制品的分类

乳制品的种类一般包括液体乳类、乳粉类、炼乳类、乳脂肪类、干酪类、乳冰淇淋类及其他乳制品类等。

三、乳制品代表性产品

1.液体乳类

液体乳类即产品形态为液体状态的乳品,其主要分为巴氏杀菌乳、灭菌乳、发酵乳、调制乳。

(1)巴氏杀菌乳,以生鲜牛(羊)乳为原料,经过巴氏杀菌处理制成液体产品。经巴氏杀菌后,生鲜乳中的蛋白质及大部分维生素基本无损,但是没有100%地杀死所有微生物,所以杀菌乳不能常温储存,需低温冷藏储存,保质期一般为2~15天。

(2)灭菌乳,以生鲜牛(羊)乳为主要原料,添加或不添加复原乳,经高温灭菌制成的液体产品。由于生鲜乳中的微生物全部被杀死,灭菌乳不需冷藏,一般可在常温下保存1~8个月。

图6-2 巴氏杀菌乳　　　　6-3 灭菌乳

(3)发酵乳,以生鲜牛(羊)乳或乳粉为主要原料,添加或不添加辅料,使用保加利亚乳杆菌、嗜热链球菌等菌种发酵制成的产品。其按照所用原料的不同分为纯酸牛乳、调味酸牛乳、果料酸牛乳;按照脂肪含量的不同分为全脂、部分脱脂、脱脂等品种;按照生产工艺的不同可分为普通酸奶和巴氏杀菌热处理酸奶(常温酸奶)。

(4)调制乳,以不低于80%的生牛(羊)乳或复原乳为主要原料,添加其他原料或食品添加剂或营养强化剂,采用适当的杀菌或灭菌等工艺制成的液体产品。

图 6-4　酸乳

2. 乳粉类

以生鲜牛(羊)乳为主要原料,添加或不添加辅料,经杀菌、浓缩、喷雾干燥等工艺制成的粉状产品。主要分为全脂乳粉、低脂乳粉、脱脂乳粉、调制乳粉。其中全脂乳粉是以牛乳或羊乳直接加工而成,脂肪含量较高易被氧化,所以在室温下保质期较短;低脂或脱脂乳粉是牛乳或羊乳除去绝大部分或全部脂肪后加工而成的,保质期相对全脂乳粉更长一些;调制乳粉是以生牛(羊)乳或其加工制品为主要原料,添加其他原料,添加或不添加食品添加剂或营养强化剂,经加工制成的乳固体含量不低于70%的粉状产品。例如人们日常所看到的婴幼儿配方乳粉、幼儿配方乳粉均属于调制乳粉类。

图 6-5　乳粉　　　　　图 6-6　配方乳粉

3．炼乳类

以生鲜牛（羊）乳或复原乳为主要原料，添加或不添加辅料，经杀菌、浓缩，制成的黏稠态产品。按照添加或不添加辅料，可分为：全脂淡炼乳、全脂加糖炼乳、调味／调制炼乳、配方炼乳。

图 6-7　炼乳

4．乳脂肪类

以生鲜牛（羊）乳为原料，用离心分离法分出脂肪，此脂肪成分经杀菌、发酵或不发酵等加工过程，制成的黏稠状或质地柔软的固态产品。按脂肪含量不同可分为：稀奶油、奶油、无水奶油。

图 6-8　乳脂肪

5．干酪类

以生鲜牛（羊）乳或脱脂乳、稀奶油为原料，经杀菌、添加发酵剂和凝乳酶，使蛋白质凝固，排出乳清，制成的固态产品，又称奶酪、起司等。干酪的营养价值高，内含丰富的蛋白质、钙质等。

图 6-9 干酪

6. 其他乳制品类

（1）干酪素，以脱脂牛（羊）乳为原料，用酶或酸使奶液中的酪蛋白凝固，然后将凝块制成的产品。主要作为食品添加剂、涂料的基料等。

（2）乳清粉，以生产干酪、干酪素的副产品——乳清为原料，经杀菌、脱盐或不脱盐、浓缩、干燥制成的粉状产品。

（3）复原乳，又称"还原乳"或"还原奶"，是指以乳粉为主要原料，添加适量水制成与原乳中水、固体物比例相当的乳液。

（4）地方特色乳制品，使用特种生鲜乳（如水牛乳、牦牛乳、羊乳等）为原料加工制成的各种乳制品，或具有地方特点的乳制品，如内蒙古奶皮子、奶豆腐、云南乳饼、大理乳扇等。

图 6-10 奶皮子、奶豆腐和乳扇

第二节　选购知识

　　乳制品是一种营养成分丰富、营养价值较高、易于消化吸收的食品,含有对人体有利的多种元素,适合各个年龄阶段人群食用。市面上的乳制品种类繁多,如何正确选购是消费者需要了解的重要方面。

图 6-11　乳制品

一、选购乳制品应该要注意哪些问题

1. 要检查外观

　　首先看包装上标明的品名、SC 号、厂名、厂址、生产日期、保质期、执行的产品标准、配料表、净含量、储藏指南等。

　　其次可以通过外观初步判断新鲜程度。若发现液体乳有胀包,或者肉眼可见有明显的分层,则说明奶液已经变质,一定不能饮用。对于奶粉,通常可以观察其色泽、性状、气味等判断是否变质。若奶粉色泽暗沉、大量结块或者带有酸味、霉味,表明奶粉已变质,不得再食用。

2. 要学会看配料表和营养成分表

　　一般来说,配料表中越靠前的含量越多。通常我们可以通过观察配料表的成分以及营养成分表,来评估乳制品的品质高低。

　　例如,一般巴氏杀菌奶的配料就是生牛乳,且蛋白质含量应≥2.9%,脂肪含量应≥3.1%,非脂乳固体应≥8.1%;调制乳的配料大多为生牛乳、水、白砂糖及其它食品添加剂或营养强化剂。

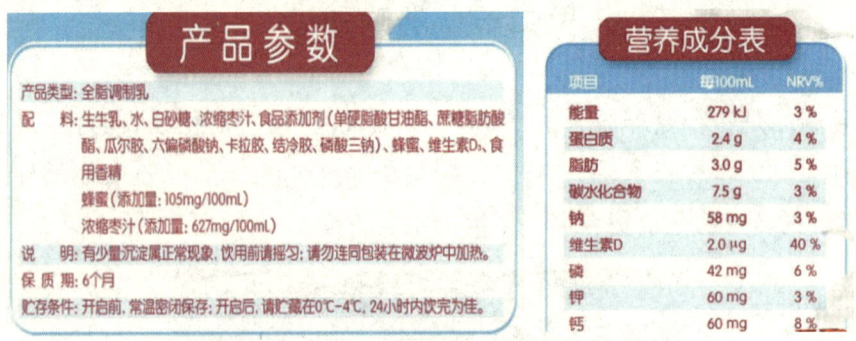

图 6-12 某调制乳的配料表和营养成分表

3. 要注意产品的生产日期及保质期

消费者在购买乳制品时尽量购买近期生产的产品，切忌购买超过保质期的乳制品。例如巴氏杀菌乳的保质期较短，仅有 2~7 天。灭菌乳通常有较长的保质期，当然一旦开封需要尽快饮用。乳粉通常情况下保质期为未开罐时 18 或 24 个月，但一旦开封后应当尽快食用。

4. 要清楚乳制品的保存方式

乳制品一般有常温保存和低温保存两种。保存方式跟其制作工艺和包装有关。巴氏杀菌乳、普通酸奶等必须冷链运输和冷藏保存，灭菌乳、常温酸奶可以常温保存，奶粉切忌冷藏保存，应干燥避光保存。

5. 鲜奶饮用前要消毒

消费者购买了现挤鲜牛(羊)奶，要煮沸消毒后方可饮用，且不宜久放。

二、不同人群如何选择乳制品

1. 婴幼儿

对于婴幼儿来说，母乳永远是最理想的口粮。而作为母乳的替代品，婴幼儿配方奶粉也是适合婴幼儿食用的。通常不建议过早给宝宝喝液态奶。一般建议至少要在宝宝 1 岁之后，才可以逐步引入液态奶。

2. 儿童

最好选择全脂牛奶。一般来说，成长发育中的儿童和健康成人应该选全脂牛奶。全脂牛奶脂肪含量在 3% 左右，算不上很高，并且含有天然钙质，利于人体对钙的吸收。而脱脂奶粉在脱脂过程中会大量损失对人体有利的脂溶性维生素 A、维生素 D、维生素 E、维生素 K 等。因此建议给儿童选择全脂牛奶。

3. 中老年人

中老年人可选择强化维生素 AD 奶。因为中老年人肠胃吸收能力变差,钙质流失和维生素缺乏较明显,可适量选用强化维生素 AD 奶。

4. 乳糖不耐受者

选择水解乳糖的牛奶或者酸奶。对于乳糖不耐受的人群来说,因为其体内缺乏乳糖酶,更适合选用水解乳糖的牛奶,也能更好地消化和吸收牛奶的营养。

5. 高血脂人群

高血脂人群选择脱脂牛奶。高血脂和需要控制体重的人要选低脂产品,如低脂纯牛奶或低脂酸奶。

图 6-13　低脂乳制品

三、进口乳制品应该如何选购

1. 类别

进口液态奶进入国内需要经过出厂检验、海上运输、报关、检验检疫等环节, 通常需要 1～2 个月的时间, 因此进口巴氏杀菌奶很难在国内市场上流通,通常为保质期较长的灭菌乳、乳粉、干酪等。

2. 外包装

应该有中文标识,且应载明食品的原产地以及境内代理商的名称、地址、联系方式,并用中文将所有规定范围内的营养成分参数标识清楚。

　　2015年实施的《食品安全法》中第九十七条明文规定："进口的预包装食品、食品添加剂应当有中文标签；依法应当有说明书的，还应当有中文说明书。标签、说明书应当符合本法以及我国其他有关法律，行政法规的规定和食品安全国家标准的要求，并载明食品的原产地以及境内代理的名称、地址、联系方式。"

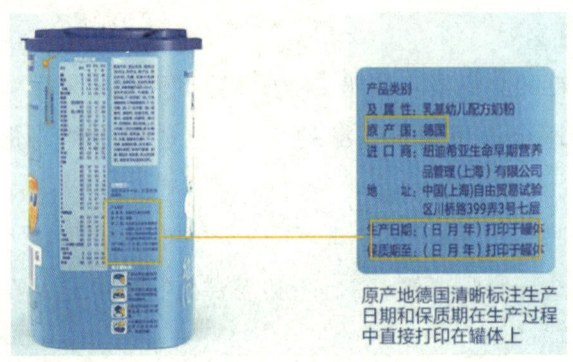

图 6-14　外包装查看

3．条形码

　　EAN-B 条形码是国际通用的商品条形码，标示的是注册地，由前缀部分（3 位）、制造厂商代码（4 或 5 位）、商品代码（4 或 5 位）和校验码（1 位）组成。其中前缀码是国家、地区的代码，如 690～695 代表中国，93 代表澳大利亚，00～13 代表美国和加拿大，94 代表新西兰。但应注意，前缀码代表的是商品的注册地，不代表商品的原产地。

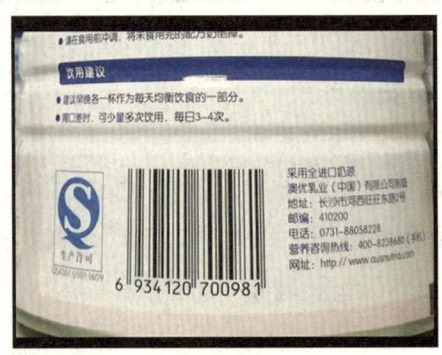

图 6-15　条形码查看

第三节 储运知识

乳制品是微生物的天然培养基,在环境中受到氧气、光线、温度、尘埃等因素影响,极易发生腐败变质。因此面对乳制品这种复杂而又极易腐败的食物,正确的包装储存就不可避免地成为其最重要环节之一。

一、液体奶应该如何储存

1. 鲜奶的保存

鲜奶是指离开奶牛的身体不超过 24 小时的牛奶,未经过任何加工过程的鲜奶很容易变质,因此鲜奶最好是加热煮沸消毒后立即食用。储存时必须放冰箱冷藏,盛装鲜奶的容器需干净,最好可以封口。未饮用完的鲜奶切不可倒回原来的瓶子。鲜奶的保质期最多 3 天,如出现分层、变色等情况时不可再饮用。

图 6-16　奶牛

2. 巴氏杀菌乳的保存

巴氏奶经过 72℃~85℃ 的消毒,其中的细菌并没有全部杀灭,并且其含有丰富的活性酶等营养物质,因此它的保质期较短,一般在 7 天左右,储存的时候必须在 4℃冷藏保存。巴氏奶大多采用纸盒(利乐包)、塑料瓶、塑料袋等包装,一旦开封要尽快饮用完。

3. 灭菌奶的保存

灭菌奶经过高温杀死了全部的细菌,所以未开封的情况下可以在常温保存 1~6 个月。但一旦开封就要尽快饮用。

4. 酸奶的保存

由于需要保持乳酸菌的活性,酸奶要保存在低温环境里,目前低温冷藏酸奶最佳保存温度为 2~6℃,并且保质期一般在 18 天左右。

近几年出现的常温酸奶,例如莫斯利安、纯甄、安慕希等,由于采用的巴氏杀菌热处理技术,无需冷藏且保质期一般为 6 个月。

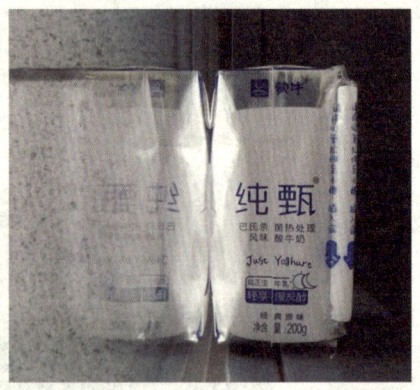

图 6-17　常温酸奶

二、奶粉应该如何储存

奶粉营养丰富,蛋白质含量高,而丰富的蛋白质和营养正是细菌生长和繁殖的温床,也容易招虫。消费者在奶粉开封后一定要注意保存。

(1)开封后的奶粉通常都是在室温、避光、干燥、阴凉处储存即可;在每次取用后,罐装奶粉务必盖紧塑料盖,袋装奶粉要扎紧袋口。许多家长有将食品储存在冰箱的习惯,但对于奶粉来说,因为多次取放,冰箱内外的温差和湿度差别,很容易造成婴儿奶粉潮解、结块和变质。

(2)为便于保存和取奶粉,袋装奶粉开封后,最好存放于洁净的奶粉罐内,奶粉罐使用前用清洁、干燥的棉巾擦拭,勿用水洗。

(3)奶粉开封后要遵循食用时间的规定。大多数婴儿奶粉包装上都有明确规定,奶粉开封后 1 个月内用完。

三、奶酪应该怎么储存

图 6-18　奶酪

奶酪的品种不同,保存方法也不同。

（1）鲜奶酪:例如新鲜乳酪、白霉奶酪等,质地较绵柔,水分含量比较高,也更容易腐败,在所有奶酪中保质期最短,通常必须密封冷藏,并在几天或两周内食用。如果一次食用不完,切的时候一定要把案板、刀具、手都用酒精棉球消毒杀菌。切好后把剩余的奶酪原袋包好,尽量赶走里面的空气,在袋口放一两个酒精棉球,外面再套个保鲜袋,然后放冷藏室保存。但也请尽早食用为好。

（2）半硬质、硬质奶酪:例如契达、高达等,应密封冷藏在冰箱,新鲜度可以维持 1~2 个月,如果小心存放处理,保质期能维持更长时间。

四、其他乳制品的储存

1．奶油应该怎样储存

所有的淡奶油都不能冷冻保存,打开包装的淡奶油应在 7 日内食用完毕,如果无法短时间内食用完,可在利乐包边角处剪一个小口,倒出需要量的奶油,然后用锡纸包好,用长尾夹夹紧,置于冰箱最里侧冷藏保存,并尽快食用完毕。

2．黄油应该怎样储存

保存黄油时要用锡纸或油纸裹好,以免吸收其他物品的气味,锡纸还可以防止黄油被光和空气氧化变质;短期内食用可冷藏保存,如短期内不食用,需-9℃冷冻储存。

3．炼乳应该怎样储存

未开盖的炼乳可以存放在阴凉处,但开封后应保存在冷藏柜中。

图 6-19　炼乳

第四节　污染源分析

乳制品的污染源主要来自于微生物、重金属、食品添加剂或非食用物质和抗生素四大类。

1. 微生物

乳及乳制品很容易受到微生物的污染,在降低其营养价值和风味的同时,造成食用者食物中毒、致病菌感染等严重后果,尤其易对免疫力低下的婴幼儿和老人造成危害。乳及乳制品的微生物污染主要包括了下列几大类:

(1)腐败型微生物。该类微生物包括产乳酸细菌、胨化细菌、脂肪分解菌以及酵母菌和霉菌,广泛分布于饲养环境以及乳制品的生产场所。

(2)致病型微生物。当奶牛患病时,致病菌结核分枝杆菌、布氏杆菌、金黄色葡萄球菌、沙门菌、炭疽杆菌和小肠结肠炎耶尔森菌等,可经过血流通过乳房进入乳汁,以乳液为媒介引起人类感染。

(3)噬菌体。是侵入微生物中病毒的总称,也称细菌病毒。当乳制品发酵剂受噬菌体污染后,就会导致发酵的失败,是干酪、酸奶生产中很难解决的问题。

(4)真菌和酵母。牛乳及乳制品存在的主要霉菌大多数属于有害菌,可引起干酪、乳酪、奶油等乳制品变质,有些霉菌可产生毒素;而常见的酵母可引起乳发酵,滋味发酸、发臭,干酪和炼乳罐头发生膨胀等。

哪些情况有可能导致乳制品感染微生物?

从乳制品的原料奶生产、运输、加工到成品奶的贮存、销售,各个环节都可能产生微生物污染,例如产乳动物的健康状况、挤奶与挤奶环境卫生以及原料、产品的储存与运输等。

2.重金属

重金属元素主要是指铅、汞、砷、铬和镉等,污染主要来源有以下几个方面:

(1)环境和工农业生产活动的影响造成的污染。含砷、汞、铅等的农药、化肥、杀虫剂的施用,可造成奶牛产出的原料乳被污染。

(2)生产加工环节的污染。生产加工环节涉及车间环境的空气、加工用水、机器及容具器械、包装材料等,都是重金属污染的可能来源。

(3)非法添加食品添加物的污染。乳制品的加工中,往往需要添加配方辅料、食品添加剂等一些物质。这些物质的带入很有可能导致产品重金属污染。

3.食品添加剂或非食用物质

食品添加剂在乳制品中的应用较为普遍,其中应用较多的有乳化剂、增稠剂、抗氧化剂、着色剂、甜味剂等。市场上的乳制品大多数是达到国家标准的,然而也有部分生产厂家唯利是图,为了降低成本,获取最大利润,随意添加一些国标禁止添加的物质。

例如为了保鲜,添加苯甲酸等防腐剂;为增加蛋白质含量,添加甘氨酸、三聚氰胺等;为提高原料奶比重,添加工业用盐、硫代硫酸钠等,这些都对消费者的健康造成一定的损害。

4.抗生素

随着乳及乳制品行业高速发展,抗生素被广泛地应用到奶牛养殖产业中,在对奶牛进行疾病治疗和饲喂过程中很容易造成抗生素残留。更因为一些人为因素,使抗生素直接残留在牛奶中。

第五节 消费风险提示

一、区分什么是乳制品

1. 概念区分

乳制品≠生鲜乳

2. 原料区分

乳制品是指以生鲜牛(羊)乳(不包含其他动物乳)及其制品为主要原料，经加工制成的液体乳及固体乳制品。麦乳精、豆乳粉、含乳饮料、奶糖、蛋糕、奶油巧克力、牛奶雪糕等，不属于"乳制品"，只能属于含乳食品。

3. 标签区分

食品标签名称中有"饮料(饮品)"、"乳味(奶味)"、"植物蛋白"、"复合蛋白"字样的不属于乳制品。这里提醒：有的乳饮料在标注名称时特意突出标注"乳"或"奶"字(放大或着重标注)，将"饮料"、"饮品"、"乳味"等表明食品真实属性的文字字号缩小、颜色放淡或不与"乳"("奶")字连续排列，误导消费者，这些都是违规行为。

图 6-20 乳酸菌饮料

4. 配料区分

通过配料表中的原料排列顺序区分，如果配料表中有乳原料(包括液态乳、乳粉、炼乳、干酪、其他乳制品)以外的食品原料(添加剂除外)，可断定该产品不是纯乳产品；如果配料表中乳原料排列在其他食品原料的后面，该产品属于含乳食品(不属于乳制品);如果配料表中将乳原料排在"水"后面,该产品属于乳饮料或乳味饮料,也不能称为乳制品。

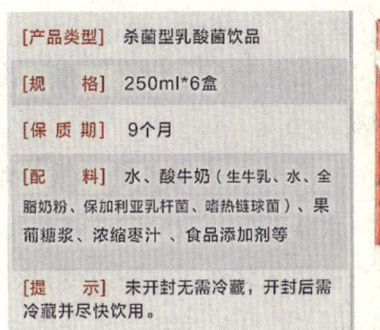

图 6-21　某乳酸菌饮品配料表

二、购买婴配粉的注意事项

(1)产品名称方面,不要被标签标识字号大小或色差误导。

(2)原辅料来源标注为"进口奶源"、"源自国外牧场"、"生态牧场"等模糊信息;含量标注有"零添加"、"不含有"等字样;功能声称明示或者暗示具有益智、增加抵抗力或者免疫力、保护肠道等功能性表述;以及标签上使用"人乳化"、"母乳化"或近似术语表达等,都是国家不允许的。

(3)购买生产日期为 2018 年 1 月 1 日以后国产或进口的婴幼儿配方乳粉,其产品标签和说明书中必须标注婴幼儿配方乳粉产品配方注册号。婴幼儿配方乳粉产品配方注册号格式为:国食注字 YP+4 位年代号 +4 位顺序号。

第六节　常见谣言辨识

1. 奶牛是靠打激素保持不停产奶吗

奶牛是人们经过长期培育选育出来的专门用于产奶的草食动物。其基本规律是奶牛分娩后开始产奶,60 天左右配种再次怀孕,300 天左右停止产奶,进入再次分娩产奶前的休整期,之后进入下一个产奶周期。这是奶牛正常生理周期,不需要打激素维持产奶。

2. 空腹不能喝牛奶吗

空腹状态下喝牛奶，牛奶中的脂肪和乳糖可以提供能量，不会造成蛋白质的浪费。研究表明，牛奶中的总乳清蛋白具有抗微生物感染及控制黏膜炎症的作用，因此饮奶不会伤胃，反而有利于胃部健康。由于人的个体差异，有的人喝牛奶后出现腹胀等不适现象，可能是由于自身乳糖不耐受造成肠胃的不适。

3. 牛奶不能和水果一起吃吗

牛奶中含有3%左右的蛋白质，蛋白质在某些物理或化学因素的作用下会发生内部结构和性质的改变，导致其理化性质的改变和生物活性的丧失，这种现象称为蛋白质变性。蛋白质变性后理化性质发生改变，如溶解度降低而产生沉淀。当加入酸度较低的果汁（例如橙汁），牛奶的酸度随之降低，降低到牛奶的等电点附近时，酪蛋白会发生凝集、沉淀，产生絮状沉淀。但是如果加入的果汁偏中性，例如香蕉、木瓜等，则不会产生上述情况。水果中富含维生素、矿物质、膳食纤维和有益健康的生物活性物质，水果和牛奶是好搭档，不能绝对地说牛奶不能和水果一起吃。

图 6-22　牛奶和水果

4. 有机牛奶更营养吗

有机牛奶的认证一般着重于其天然的生长环境及饲养管理方式，如有机奶牛喂养的饲料为纯天然牧草，普通奶牛食用的饲料是根据奶牛的营养需要对不同饲料进行搭配调整、均衡配比。从营养成分比较，没有明确证据表明有机牛奶比其他牛奶所含有的脂肪、蛋白质、维生素等营养成分更好。

5. 吃榴莲后喝牛奶会中毒吗

近期网上频发的关于吃榴莲后饮牛奶会中毒的消息均属无稽之谈，类似这种食物同食会中毒的问题,膳食专家认为:饮食引起的不适症状往往与自身基础疾病有关。对于本身疾病有所禁忌的人来说,饮食的确需要讲究;但对于健康的人来说,通过正常的人体代谢就能化解可能出现的不适反应。饮食讲究均衡,只要不过量,无须担心这些不适状况。中毒身亡更是危言耸听。

6. 复原乳真的没有营养吗

有消费者或许认为复原乳不营养了,其实复原乳与鲜奶相比,蛋白质、钙质以及脂肪成分相差不大,只是维生素有部分损失,而维生素的主要获取来源是蔬菜和水果,因此复原乳也是健康的乳制品。

第七章 鲜 蛋

第一节 概 述

鲜蛋是指各种禽类生产的、未经加工的蛋。

鲜蛋含有丰富的营养物质,包含有人体所必需的蛋白质、脂肪、维生素和矿物质等多种营养成分,同时还含有人类大脑和神经系统活动所不可缺少的脑磷脂和卵磷脂。鲜蛋主要由蛋壳、蛋白和蛋黄三个部分构成,其构成的比例因家禽品种、年龄、产蛋季节和蛋的重量等因素而有差异。以鸡蛋为例,蛋壳占全蛋重的 10％～20％,蛋黄占 30％～33％,蛋白占 55％～58％。

一、鲜蛋定义

鲜蛋,专指新鲜未经加工的蛋类,主要包括鸡蛋、鸭蛋、鹅蛋、鹌鹑蛋和鸽蛋等。市场上常见的鲜蛋有多种,其中鸡蛋的市场占有量最大,其次是鸭蛋、鹌鹑蛋和鹅蛋。

二、鲜蛋分类

各类鲜蛋按用途又可分为两种:

(1)种蛋(即受精蛋),为孵化雏禽所用。

(2)商用蛋(即未受精蛋),供蛋类加工或出售食用的原料使用。蛋类是广大人民群众日常生活中最为常见的食品之一。

三、鲜蛋代表性产品

1. 鸡蛋

母鸡所产的卵。其外有一层硬壳,内则有气室、卵白及卵黄部分。富含胆固醇,营养丰富,一个鸡蛋重约 50 克,含蛋白质 6~7 克,脂肪 5～6 克。鸡蛋蛋白质的氨基酸比例很适合人体生理需要、易为机体吸收,利用率高达 98％以上,营养价值很高,是人类常食用的食物之一。

鸡蛋有很高的营养价值,是优质蛋白质、B族维生素的良好来源,还能提供一定数量的脂肪、维生素A和矿物质。一个中等大小的鸡蛋可提供6克左右的优质蛋白质,是各种食物中所含蛋白质最高的。一个人每吃掉100g鸡蛋,可以获得蛋白质约13.3克,脂肪约8.8克,维生素A约234微克,磷约130毫克,铁约2毫克,钠约131.5毫克,钾约154毫克,维生素B_1约0.11毫克,维生素B_2约0.27毫克,热量约144千卡。

图 7-1 鸡蛋

2. 鸭蛋

鸭所产的卵,可孵化成小鸭。主要含蛋白质、脂肪、钙、磷、铁、钾、钠、氯等营养成分。

图 7-2 鸭蛋

3. 鹅蛋

鹅生下的卵。鹅蛋呈椭圆形,个体很大,味道有些油,新鲜的鹅蛋必须烹饪后食用。

图 7-3　鹅蛋

鹅蛋每颗约重 225～280 克,较一般鸡蛋约大 4～5 倍。表面较光滑,呈白色,其蛋白质含量低于鸡蛋;脂肪含量高于其他蛋类。鹅蛋中还含有多种维生素及矿物质,但质地较粗糙,草腥味较重,食味不及鸡鸭蛋。鹅蛋中含有丰富的营养成分,如蛋白质、脂肪、矿物质和维生素等;鹅蛋中含有多种蛋白质,最多和最主要的是蛋白中的卵白蛋白和蛋黄中的卵黄磷蛋白,蛋白质中富有人体所必需的各种氨基酸,是完全蛋白质,易于人体消化吸收;鹅蛋中的脂肪绝大部分集中在蛋黄内,含有较多的磷脂,其中约 50% 是卵磷脂,这些成分对人的脑及神经组织的发育有重大作用;鹅蛋中的矿物质主要含于蛋黄内,铁、磷和钙含量较多,也容易被人体吸收利用;鹅蛋中的维生素也很丰富,蛋黄中有丰富的维生素 A、维生素 D、维生素 E、核黄素和硫胺素,蛋白中的维生素以核黄素和尼克酸居多,这些也是人体所必需的维生素。

4. 鹌鹑蛋

鹌鹑蛋被认为是"动物中的人参",宜常食,为滋补食疗品。鹌鹑蛋在营养上有独特之处,故有"卵中佳品"之称。近圆形,个体很小,一般只有 10 克左右,表面有棕褐色斑点。鹌鹑蛋营养价值高,有较好的护肤、美肤作用。

鹌鹑蛋每百克可食部分含蛋白质约 12.8 克,脂肪约 11.1 克,碳水化合物约 2.1克,维生素 A 约 337 微克,硫胺素约 0.11 毫克,核黄素约 0.49 毫克,维生素 E 约 3.08 毫克,钾约 138 毫克,钠约 106.6 毫克,镁约 11 毫克,锰约 0.04 毫克,锌约 1.61 毫克。

图 7-4　鹌鹑蛋

鹌鹑蛋丰富的蛋白质、脑磷脂、卵磷脂、赖氨酸、胱氨酸、维 A、维 B_2、维 B_1、铁、磷、钙等营养物质,可补气益血,强筋壮骨,治风湿。鹌鹑蛋中氨基酸种类齐全,含量丰富,还有高质量的多种磷脂、激素等人体必需成分,铁、核黄素、维生素 A 的含量均比同量鸡蛋高出两倍左右,而胆固醇则较鸡蛋低约三分之一,所以是各种虚弱病者、老人、儿童及孕妇的理想滋补食品。但是鹌鹑蛋胆固醇太高,不宜多食。

第二节　选购知识

一、购买鲜蛋应注意的问题

蛋拿在手上,轻轻抖动使蛋与蛋相互轻轻碰击,细听其声;或是手握摇动,听其声音。良质鲜蛋蛋与蛋相互碰击声音清脆,手握蛋摇动无声。次质鲜蛋蛋与蛋碰击发出哑声(裂纹蛋),手摇动时内容物有流动感。劣质鲜蛋蛋与蛋相互碰击发出嘎嘎声(孵化蛋)、空空声(水花蛋),手握蛋摇动时内容物是晃荡声。

二、如何选购各类鲜蛋

1. 如何选购鸡蛋

目前,市场上充斥着各种称谓的鸡蛋,这就给选购带来了极大的困难,如何更好地挑选鸡蛋需要做到以下几点:

(1)看。用眼睛观察蛋的外观形状、色泽、清洁程度。优质的鸡蛋,蛋壳干净,无光泽,气孔明显,色泽鲜明,壳上有一层白霜。而劣质蛋蛋壳表面的粉霜脱落,蛋壳颜色油亮,呈暗黑色或乌灰色,有油样浸出;有较多或较大的霉斑。将蛋对着日光看,新鲜蛋呈半透明的微红色状态,蛋黄轮廓清晰; 如果有乌斑或者呈现昏暗不透明状态,则表明鲜蛋已变质。

(2)掂。把鲜蛋放在手心上翻转,用手掂重量,轻轻摇动,没有声音的是鲜蛋,有水声的是陈蛋。

2. 如何选购鸭蛋

鸭子以水生动物和植物为主要食物来源, 所以新鲜鸭蛋吃起来有些许腥味,不如新鲜鸡蛋可口。选购鸭蛋时需要做到以下几点:

(1)嗅。挑选鸭蛋时,用鼻子闻一闻,新鲜的鸭蛋,闻不到味,如果是劣质蛋,会闻到一股臭味。

(2)看。观察蛋壳的颜色,壮年鸭子生产的鲜蛋颜色为淡蓝色青皮,这种鸭蛋钙的成分会多一些,因此蛋壳较厚,不易破坏。而老鸭子生产的鲜蛋呈现白色外壳,蛋壳较薄,易碰坏。此外,还有一种鸭蛋外壳粗糙且有斑点,属于"营养不良"蛋,外壳薄,也易碰坏。

(3)听。挑选鸭蛋时,可以用手握住鸭蛋进行适量用力的摇晃,耳朵听一听鸭蛋有无响声,如有,则为问题蛋,如没有声音,则说明是新鲜的。

3. 如何选购鹅蛋

鹅蛋中含有多种维生素及矿物质,但质地粗糙,草腥味较重,食味不及鸡鸭蛋。鹅蛋中以散养大白鹅蛋(白羽)营养最好;等级最低的是大雁鹅蛋,一般是集体大规模养殖。鹅蛋的选购技巧是:用手电筒照鹅蛋外壳,里面的蛋黄、蛋清分离比较清楚,没有血丝状物体,打开后蛋黄饱满、黄色均匀,手指轻压蛋黄不会破裂,闻之新鲜略腥的是优质蛋。

4．如何选购鹌鹑蛋

鹌鹑蛋营养丰富,是一种很好的滋补品,营养更易被吸收利用,所以更适宜幼儿、孕产妇、老人、病人及身体虚弱的人食用。和鸡蛋一样,鹌鹑蛋以蒸或煮的方式吃最好,消化吸收率基本上可以达到100%。其选购方法如下:

(1)用手轻轻摇动,没有声音的是鲜蛋,有水声的是陈蛋。

(2)将鹌鹑蛋放入冷水中,下沉的是鲜蛋,上浮的是陈蛋。

(3)新鲜的鹌鹑蛋外壳呈白色,带有红褐色或紫褐色的斑纹,其色泽鲜艳、外壳坚硬、富有光泽;蛋黄呈深黄色,蛋清透明且黏稠。另外鹌鹑蛋的新鲜程度与其蛋壳上的花纹关系不大, 蛋壳上的花纹是受先天条件以及产卵环境影响的,不能以花纹的状态作为鹌鹑蛋是否新鲜的标准来进行选购。

三、各类鲜蛋食用烹饪方式

鸡蛋的做法很多,水煮蛋、煎鸡蛋、茶叶蛋、鸡蛋汤、鸡蛋羹、炒鸡蛋……

图7-5 鲜蛋烹饪

不论哪种方式烹饪鸡蛋都很好吃。根据各种研究与实验数据,最后发现,不管在对心脏的有益度、蛋白质的消化率还是在维生素的保存量的榜单里,"带壳水煮蛋"这种做法营养均排第一位。在沙拉里加一个鸡蛋会大大提高身体对蔬菜中的营养成分(如番茄红素、叶黄素和玉米黄素)的吸收。番茄的红色即番茄红素,有助于减少患癌症的风险,如肺癌、前列腺癌和胃癌。叶黄素和玉米黄素对眼睛健康有着非常重要的作用。

鸡蛋好吃,但是很多人认为鸡蛋胆固醇高,不能多吃,一天只能吃1个。其实,这个观念现在已经落伍了。早几年的时候,科学家们的确认为胆固醇吃多了不利心血管健康,各国也都建议人们每天吃胆固醇不要超过300毫克。但是目前,国内外一致认为食物中的胆固醇的多少,对于体内胆固醇的量和心血管疾病并没有太大影响,包括美国、中国等在内的很多国家纷纷取消了对胆固醇的限制。从目前的研究来看,每天吃1个或多个鸡蛋,并不会导致心血管病或糖尿病风险增加。从饮食均衡的角度来看,我们推荐大家要食物多样,任何食物都不建议吃太多,包括鸡蛋。《中国居民膳食指南 2016》建议,在其他食物(奶类、肉类和鱼虾)都正常摄入的情况下,每周不要吃超过7个鸡蛋。当然,如果食谱中奶类、肉类和鱼虾等动物食品摄入不足,或是特别喜欢吃鸡蛋,或是正在健身需要补充蛋白质,多吃几个鸡蛋也不会有什么问题。对于一个健康的人来说,每天吃一个鸡蛋就比较好,但多吃一两个也并不会有害。

第三节 储运知识

一、鲜蛋该如何保存

1. 冷藏法

冷藏的蛋箱应清洁、干燥、无异味、不吸湿和耐低温,以免影响鲜蛋质量和散箱,冷藏鲜蛋摆放整齐,密度不宜太大,要保证空气流通,冷藏的温度保持在0℃左右,相对湿度为80%~85%左右。如果温度过高,可能引起蛋内胚胎发育,蛋黄扩大,蛋清变稀,影响质量;如温度过低,则可能出现冻裂蛋。

2. 谷物贮存

在一个容器内铺一层谷物,放一层鲜蛋,反复相间摆放,最上面再盖一层谷物。装满后放置在干燥、通风、凉爽的场所,同时,容器必须保持干燥清洁。一般也可以保存几个月。

二、鲜蛋的包装、运输

鲜蛋的包装技术：首先要选择好包装材料，包装材料应当力求坚固耐用，经济方便。可以采用木箱、纸箱、塑料箱、蛋托和与之配套用的蛋箱。

（1）普通木箱和纸箱包装鲜蛋：木箱和纸箱必须结实、清洁和干燥。包装所用的填充物，可用切短的麦秆、稻草或锯末屑、谷糠等，但必须干燥、清洁、无异味，切不可用潮湿和霉变的填充物。包装时先在箱底铺上一层5~6厘米厚的填充物，箱子的四个角要稍厚些，然后放上一层蛋，蛋的长轴方向应当一致，排列整齐，不得横竖乱放。在蛋上再铺一层2~3厘米厚的填充物，再放一层蛋。这样一层填充物一层蛋直至将箱装满，最后一层应铺5~6厘米厚的填充物后加盖。木箱盖应当用钉子钉牢固，纸箱则应将箱盖盖严，并用绳子包扎结实。最后注明品名、重量，并贴上"请勿倒置"、"小心轻放"的标志。

（2）利用蛋托和蛋箱包装鲜蛋：蛋托是一种塑料制成的专用蛋盘，将蛋放在其中，蛋的小头朝下，大头朝上，呈倒立状态。蛋托可以重叠堆放而不致将蛋压破。蛋箱是蛋托配套使用的纸箱或塑料箱。利用此法包装鲜蛋能节省时间，便于计数，破损率小。蛋托和蛋箱经消毒后可以重复使用。

（3）鲜蛋的运输。在运输过程中应尽量做到缩短运输时间，减少中转。根据不同的距离和交通状况选用不同的运输工具，做到快、稳、轻。"快"就是尽可能减少运输中的时间；"稳"就是减少震动，选择平稳的交通工具；"轻"就是装卸时要轻拿轻放。此外还要注意以下事项：蛋箱要防止日晒雨淋；冬季要注意保暖防冻，夏季要预防受热变质；运输工具必须清洁干燥；凡装运过农药、氨水、煤油及其他有毒和有特殊气味的交通工具，应经过消毒、清洗后没有异味时方可运输。

第四节　污染源分析

鲜蛋的污染主要有药物污染和微生物污染。在世界范围内，鲜蛋的微生物安全性是最受关注的方面，在我国，除了微生物安全性之外，农药、兽药残留超标引起的安全问题也较为突出。

1. 药物污染

母鸡喂养过程中为了防治疾病常常使用一些药物。但是,不科学用药及休药期,就很容易造成药物在蛋中残留。蛋类产品中兽药残留的原因主要有以下几点:

(1)目前市场上存在一些农户或小企业生产的鸡蛋,部分农户或企业由于资金、技术、管理等多方面的限制,为降低疫病风险,滥用抗生素,为高产,又多用合成激素,个体养殖户为降低成本,购买便宜饲料等现象。这些都导致了蛋品品质下降,营养失衡,致病菌、抗生素、激素和农药残留严重超标。

(2)兽药使用不科学、不规范,在病情没有明朗的情况下,滥用抗生素,或随意加大抗生素使用量,或改变给药途径等。

2. 微生物污染

禽蛋中的沙门氏菌污染一般分为内源性污染和外源性污染。其中内源性污染是指活禽已经患有沙门氏菌病,如鸡白痢等,这些患病禽不但其血液、肌肉、内脏中均可能含有大量的沙门氏菌,而且在其卵中也可能会含有沙门氏菌,如禽蛋,健康的禽所产的蛋中是不含沙门氏菌的,但禽只要染上沙门氏菌,蛋壳在形成前,经卵巢污染,产卵时污染,其体内的沙门氏菌就可能进入蛋内。外源性污染则是指禽蛋产品在收获、运输、贮存和销售过程中,受到污水、粪便、运输工具等的污染而感染沙门氏菌。因此,要有效控制禽蛋产品中沙门氏菌的污染,就必须针对其污染源,有区别地采取不同的监控措施。

第五节　消费风险提示

近年来,随着家禽业的迅速发展,摆在人们面前的是如何搞好蛋品的卫生,防止污染以及如何进行处理的问题。蛋类因营养丰富,更是微生物良好的培养基,因此,做好鲜蛋的风险防范尤为重要。

选购中如果发现有以下几种类型的鲜蛋,应该避免食用。

(1)霉蛋:鲜蛋受潮会被霉菌污染侵入而导致发霉,透视时可见少量黑灰色霉点。打开后可以看到蛋壳内壁也有霉点。

(2)血环蛋:血环蛋形成的原因主要为贮存温度过高,使胚胎发育后又死亡所致。该类鲜蛋外观蛋壳发暗，手摸呈现光滑感，透视时蛋黄有血环和血丝，还可见周围有阴影，敲开后蛋黄扩大扁平，颜色淡而不均匀，蛋黄存在大血环，环中及其周围有血丝。

（3）红粘壳蛋：贮存过程中蛋受潮或长时间不翻动，致使蛋黄上浮贴于蛋壳而成，灯下透视时见气室增大，粘壳部分呈红色。打开蛋壳可见到蛋壳内有蛋黄粘连的痕迹，蛋黄与蛋清界线分明。

（4）黑粘壳蛋：红粘壳蛋形成日久，粘壳处变黑。透视可见黑色及红色的阴影。打开后，粘壳处有黄中带黑的粘连痕迹，蛋清变稀。

（5）绿色蛋清蛋：打开鸡蛋后，蛋清发绿，混浊，稀薄并有异味。

（6）泻黄蛋：透视时分不清蛋黄蛋清，呈灰黄色，打开蛋液亦是灰黄色，混浊，稀薄并有特殊的臭味。

（7）黑腐蛋：透视时蛋不透光，打开蛋液为灰绿色、暗绿色或暗黄色，可闻到硫化氢的臭味。

上述鸡蛋应该尽量避免选购及食用，以免对健康造成损害。

目前我国相关部门在农兽药残留方面做了大量的工作，包括制定各种监控农兽药残留的法规，制定动物源性食品中农兽药残留限量标准，建立农兽药残留监控体系等。广大市民在选购鲜蛋之前应关注相关部门发布的近段时间内鲜蛋的质量情况通报，做到心中有数，尽量避免可能选购到高风险的鲜蛋。

第六节　常见谣言辨识

1."斑点蛋"有毒

鸡蛋产生斑点有多种因素：可能是生蛋的鸡输卵管有炎症，也可能饲料的问题造成斑点蛋，还可能是鸡蛋发霉变质导致的。这就是说，"斑点蛋"不一定都是发霉的或是含有沙门氏菌的。因此，有的"斑点蛋"可以吃。但是鸡蛋都必须煮熟吃，否则都容易感染沙门氏菌。

2．柴鸡蛋更有营养

人们通常把在农家自然环境中的散养鸡所生的蛋称为土鸡蛋，或称为柴鸡蛋。很多人认为柴鸡蛋不仅吃着香，营养价值也高，所以热衷于花高价购买柴鸡蛋。实验证明，柴鸡蛋和普通鸡蛋相比，营养素差别并不大，只是脂肪含量比普通鸡蛋高一些。这也是柴鸡蛋吃着香的主要原因。

3．蛋皮深、蛋黄深的鸡蛋营养高

经测定，红皮鸡蛋（所谓柴鸡下的蛋）与白皮鸡蛋（俗称洋鸡下的蛋）相比蛋白质含量略低，脂肪含量略高，只能说营养素含量略有差别，而不能说红皮鸡蛋更有营养。而蛋黄的颜色一方面来自于维生素 B_2，也就是核黄素，另一方面来源于饲料里面的叶黄素和玉米黄素。研究发现，在饲料中加入上述成分，就会使蛋黄的颜色加深，而这些物质本身确实是对人体有益的营养成分，营养价值相对较高。

4．生吃蛋营养好、毛鸡蛋是滋补品

不提倡大家生吃鸡蛋，这是因为，生鸡蛋或者半生不熟的鸡蛋之中，可能含有沙门氏菌，误食沙门氏菌可能会引起发热、持续高热、全身疼痛，严重者还会出现肠局部溃疡和坏死的情况。另外，生鸡蛋中含有一种叫做类生物素的物质，这种物质会影响人体对蛋清里蛋白质的吸收。所以，生吃鸡蛋不仅没有营养，更可能危及身体健康，甚至危及生命。毛鸡蛋是没有成功完成孵化的蛋，毛鸡蛋中的营养素在孵化过程中都发生变化，绝大多数的营养素在胚胎发育过程中，都消耗掉了，根本无法与新鲜鸡蛋相比。毛鸡蛋极易被微生物感染，是细菌的温床，因此，毛鸡蛋不健康，不建议吃。

5．吃鸡蛋会造成胆固醇偏高

科学家做过实验，让一群人每天吃 10 个鸡蛋并坚持 1 个月，发现他们血液中的胆固醇跟不吃鸡蛋的人相比，完全没有差别，人们不会因为摄入鸡蛋而刺激血液类脂化合物产生。因为胆固醇在人体大部分都是肝脏自身合成的，而不是通过食物。另外，鸡蛋黄中同时也含有卵磷脂、甜菜碱等可以降低胆固醇的营养物质，因此，对于一个健康成年人，每天可以吃一个全蛋。

6．煮鸡蛋时间越长越好

鸡蛋煮的时间过长，蛋黄中的亚铁离子与蛋白中的硫离子化合生成难溶的硫化亚铁，很难被吸收。煮鸡蛋最好是凉水下锅，水开了煮 3 分钟即可，这时鸡蛋呈溏心状，蛋黄处于半凝固半流动的状态，营养成分最利于人体吸收。

7. 鸡蛋不宜和豆浆一起吃

有人认为，豆浆中的胰蛋白酶抑制分子与鸡蛋中的黏液蛋白结合，会影响营养成分的吸收，但是科学研究发现，豆浆在加热之后其胰蛋白酶就已经失活了，所以豆浆和鸡蛋是可以一起吃的。

8. 带血点的鸡蛋不能吃

看到鸡蛋中有血点，不少人认为这是受过精的鸡蛋，就把它扔了。其实，这些血点是卵黄形成时母鸡的毛细血管破裂造成的，在母鸡产蛋初期较易出现，并不存在安全问题，也不影响营养，用筷子把血点挑出来就行。从血点形状还可判断鸡蛋的新鲜程度，若血点集中、轮廓分明，说明鸡蛋很新鲜。反之，血点扩散成较大面积，则说明放得比较久。有时，我们还会发现鸡蛋中有"肉点"。肉点的形成源于卵巢内的组织脱落，颜色比血点暗淡，也不像血点那样在蛋黄表面，有可能在蛋清中，它们也不影响食用和营养，将肉点挑出再吃就好了。

9. 感冒时不能吃鸡蛋

人在感冒发热时，抵抗力有所下降，基本上是食不知味，体内缺乏营养。大家都知道鸡蛋中含有大量的蛋白质，所以吃鸡蛋对于病情的恢复是有所帮助的。生病时尽量去吃鸡蛋羹、蛋花汤，不要吃油炸蛋或者煎蛋。

第八章　蛋制品

第一节　概　述

养禽产蛋在我国已有数千年的历史,相传殷商时代,马、牛、羊、鸡、犬、豕都已经成为家养畜禽,直到现在人们仍然把畜牧业的发展称为"六畜兴旺"。我国的养禽业是驰名中外的,我国劳动人民曾培育了许多优良品种,直至现在世界上许多国家的优良品种禽都有中国家禽的血统。在禽蛋人工孵化方面,我国也是最早的国家之一。可见我国对世界养禽业发展是有着卓越贡献的。

一、蛋制品定义

蛋制品是指以鸡蛋、鸭蛋、鹅蛋或其他禽蛋为原料加工而成的制品。

二、蛋制品分类

主要有冰蛋类、干蛋类、腌制蛋和其他类。其他类是指以禽蛋或上述蛋制品为主要原料,经一定加工工艺制成的其他蛋制品,如鸡蛋干、松花蛋肠、蛋黄酪等。

三、蛋制品代表性产品

1. 冰蛋类制品

冰蛋类制品是指以禽蛋为原料,取其全蛋、蛋白或蛋黄部分,经加工处理、冷冻制成的蛋制品,代表性产品如巴氏杀菌冻鸡全蛋、冻鸡蛋黄、冻鸡蛋白等。

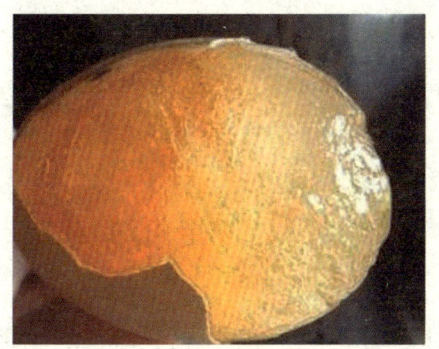

图 8-1　冰蛋类制品

2. 干蛋类制品

干蛋类制品是指以禽蛋为原料,取其全蛋、蛋白或蛋黄部分,经加工处理(可发酵)、干燥制成的蛋制品,如巴氏杀菌鸡全蛋粉、鸡蛋黄粉、鸡蛋白片等。

图 8-2　干蛋类制品

3. 腌制蛋

腌制蛋也叫再制蛋,它是在保持蛋原形的情况下,主要经过盐、碱、糟、卤等辅料加工处理后制成的蛋制品,包括皮蛋、咸蛋、糟蛋以及其他多味蛋。腌制蛋是中国的民族特产,产品加工成本低,风味独特,食用方便,营养丰富,深受消费者欢迎。

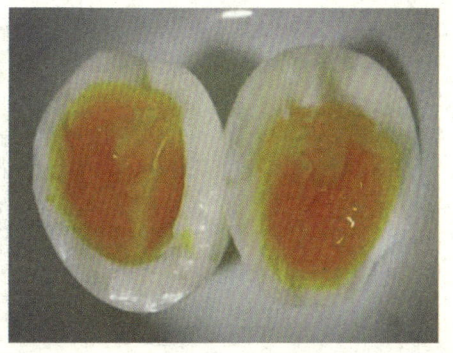

图 8-3　腌制蛋

第二节　选购知识

一、购买蛋制品应注意的问题

市场上销售的蛋制品的种类越来越丰富，消费者应从以下几方面选购安全、健康的蛋制品：

（1）有包装的产品看标签。买生产标示规范齐全的蛋制品。标签上应标明产品名称、净含量、配料表、生产日期、保质期、厂名、厂址、产品执行标准号。消费者在选购蛋制品时，应选购加印（贴）有食品生产许可标志的蛋制品。

（2）选择正规购买途径，尤其是夏季高温季节更应注意，尽量到大商场、大超市去购买，这些场所有正规的商品进货渠道，产品周转快，贮藏的硬件设施齐全。

（3）注意查看储存温度，产品购买之后放在规定的温度储存，蛋制品一次购买量不宜过多。

二、如何选购各类蛋制品

1．如何选购皮蛋

皮蛋挑选常用的方法是观看包料有无发霉，蛋壳是否完整，壳色是否正常（以青缸色为佳）。挑选皮蛋时首先要看个头，尽量选择个头稍大的皮蛋。要注意看蛋壳外部，有大黑点的皮蛋不要选，壳上的麻点越少越好。蛋壳的颜色要浅，好的皮蛋外表呈浅绿灰色或灰白色，而且不能有丝毫裂口。将皮蛋放在手

图 8-4　皮蛋

心上向上抛,落在手心上有沉甸感和弹性感的为好蛋,弹性越大,质量越好;有轻飘感的为次蛋,这种蛋水分少,硬如橡皮,不易消化。还可以把蛋握在手心左右摇晃,无波动感的为好蛋。摇蛋时用耳朵听,若有水响声为次蛋。建议不要一次性吃太多皮蛋,不宜长期食用。在购买时,最好购买无铅皮蛋。

2. 如何选购咸蛋

蛋壳完整、清洁,没有裂纹。煮熟的咸蛋气室较小,蛋白纯白色,无斑点,具有软而嫩的组织状态。蛋黄呈红黄色,具有松、沙、油的口感,咸味适中,没有异味。在挑选真空包装的熟腌蛋时,要注意看真空外包装袋,外包装袋不能有丝毫漏气,否则容易变质。

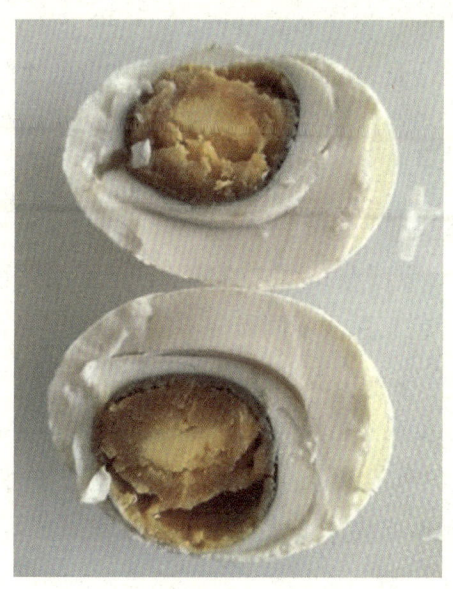

图 8-5　咸蛋

3. 如何选购糟蛋

蛋壳与内壳下膜完全分离,全部或大部分脱落,蛋白乳白、光亮、洁净,并呈胶冻状。蛋黄色的半凝固状,且与蛋白可明显分清,具有糯米酒糟所特有的浓郁的酯香气,并略有甜味、无酸味和其他异味。

4. 如何选购干蛋类

蛋白片呈晶片状,均匀浅黄色,具有鸡蛋白片的正常气味,无异味,无杂

图 8-6　糟蛋

质,不得有由微生物引起的腐败和变质现象。

蛋粉:巴氏杀菌鸡全蛋粉,呈粉末状或极易松散的块状,均匀淡黄色,具有鸡全蛋粉的正常气味,无异味、无杂质。其中鸡全蛋粉和鸡蛋黄粉为均匀的黄色。

5. 如何选购冰蛋类

质量正常的冰蛋品应该有其固有的色泽,冰蛋品的色泽取决于蛋黄中所含有的色素,由于所含色素深浅不同而使不同的冰蛋品的成品色泽也各异,例如冰鸡全蛋和巴氏消毒冰鸡全蛋强度为淡黄色,而冰鸡蛋黄应为黄色,冰鸡蛋白则应为微黄色。因此,观察色泽可以评定冰蛋品的质量是否正常。气味是评定冰蛋品的新鲜程度的重要指标。除对二级冰鸡全蛋准许略有异味无臭味外,对优级品、一级品各种冰蛋品均要求气味必须正常。冰蛋品中不得含有杂质;冰蛋的含水量,冰鸡全蛋最高不超过 76%,冰鸡蛋白不超过 88.5%,冰鸡蛋黄不超过 55%。

第三节　储运知识

一、蛋制品该如何保存

1. 皮蛋该如何保存

皮蛋是用碱性物质浸制而成,蛋内饱含水分,可放在冰箱内冷藏贮存,但如果温度太低,水分会逐渐结冰,从而改变皮蛋原有的滋味;若气温不高时可以放在塑料袋里面,密封保存,一般可保存3个月左右并且风味不变。

2．咸蛋该如何保存

(1)如果是夏天比较热的时候,可以放进冰箱冷藏室里存放,注意不要冷冻。

(2)如果在冬天比较冷时,放在干燥通风的地方即可。注意不要放在太阳暴晒处,选择阴凉的地方最好,比如厨房储藏柜顶部。

(3)对于用盐水腌制的咸蛋,把生咸蛋拿出煮熟并晾干后可以再放回到盐水里,随吃随取,这样既能保证熟咸蛋长时间放置不变质,也不会让鸭蛋越放越咸。

(4)如果是包泥腌制的咸蛋,应保持泥皮湿润,可定期用湿布给鸭蛋保湿,并置于阴凉处,这样能保证鸭蛋半年不坏。

(5)可以把熟咸鸭蛋做真空处理,能保证咸鸭蛋放比较长的时间。这需要专门的仪器,如果鸭蛋比较多可去附近加工厂做真空处理。

图 8-7　包装的咸蛋

3．蛋粉该如何保存

蛋粉放冰箱,一次次地拿进拿出,冰箱内外的温差和湿度差别,容易造成蛋粉潮解、结块和变质;即便是炎炎夏日,开封的蛋粉只要放在通风、阴凉的地方就可以了。罐装蛋粉每次开罐后务必盖紧塑料盖;袋装蛋粉每次使用后要扎紧袋口。蛋粉罐内放方糖,可防潮。方糖具有吸收湿气的效果,每次用完后,要将罐子密封,这样蛋粉便不易受潮。

图8-8 蛋粉

4. 冰蛋类

冰蛋品应用低温库贮藏,库温应保持在 -18℃左右,同时冷藏库温度不能上下波动太大。贮存冰蛋库不得同时存放有异味和腥味的物品,贮存前库内要先进行清洁消毒。

冰蛋制品属冻结食品,故在食用或作为食品工业原料前必须进行解冻,使其恢复冻结前的良好状态。因此,不仅急冻和冷藏要达到要求的条件,而且要有科学的解冻方法和良好的卫生条件。解冻要求速度快,汁液流失少,解冻终止时的温度低,而表面和中心的温差小。这样既能使产品营养价值不受损失,又能使组织状态良好。

第四节 污染源分析

一、禽蛋原料污染

禽蛋壳内外所带的微生物来源概括起来有两个途径:①自身环境。母体患病,使生殖器官带菌;同时病禽生殖器官的杀菌作用(如吞噬反应、输卵管蠕动机械地排出微生物等)减弱,来自肠道或肛门中的微生物可以侵入输卵管,最后污染鸡蛋。②外界环境。禽蛋经过泄殖腔排出体外受粪便污染;排出体外后,由于贮存、运输、销售等环境不卫生受到微生物污染,或温湿度过高,导致微生物侵入。禽蛋虽然对微生物的侵入有一定自卫能力（如外蛋壳膜封闭气孔可防止微生物侵入，蛋白膜致密也可阻止微生物侵入，蛋白和系带内的溶菌酶有杀菌作用），但随着贮存时间延长、贮存温度变化，这种能力逐渐减弱（如外蛋壳膜消失、蛋白膜被酶溶解、溶菌酶逐渐减少等），最后有害微生物侵入蛋内并得以繁殖，产生毒素，引起腐败变质。

禽蛋内容物的污染，主要是饲养管理不当、饲料营养成分不全、严重应激或母体患病的情况下，由于机体免疫力下降，多种致病微生物可经泄殖腔或血液侵入卵巢、输卵管或随精液侵入卵黄。例如大肠杆菌、沙门氏菌、衣原体、支原体、禽流感病毒、禽脑脊髓炎病毒均能侵害禽类的生殖器官，继而造成母体的产前污染。

图 8-9 蛋清和蛋黄

二、加工过程中的污染

在加工过程中可能由于检验不严，将已破损、污染的蛋作材料或制成的蛋制品损坏污染枯草杆菌及其他细菌和霉菌等。蛋制品不经加热食用，被细菌侵入繁殖，食后有引起食物中毒的危险。为此，把好卫生质量关是极为重要的。

蛋粉在加工制作过程中，由于经高温处理而成，细菌基本上被杀灭，主要是防止蛋粉受潮变质。因此，重视包装材料的制作及卫生理化指标是关键问题。

冰蛋由于经冷冻处理，应特别注意卫生，防止污染。供零售的冰蛋品应生产小包装，最好在冷藏设备或在气温10℃以下销售，否则应及时售完，并及时食用。食用前临时再解冻，必须经彻底加热烹调处理。打蛋时惕防腐败变质的臭蛋、异味蛋混入蛋液中。

图 8-10　冰蛋

第五节　消费风险提示

一、食用皮蛋应注意的问题

皮蛋根据稀状蛋心大小粗分为"沙心蛋"(含小溏心皮蛋)和"溏心蛋"(含中大溏心皮蛋),"沙心蛋"腌制时间在 60 天以上,"溏心蛋"腌制时间在 35 天左右。北方地区喜食沙心皮蛋,南方地区多喜食溏心皮蛋。做皮蛋瘦肉粥当然是选沙心皮蛋好,皮蛋拌豆腐则以溏心皮蛋为宜,而凉拌皮蛋则根据个人喜好,沙心或溏心皮蛋均可。需要注意的是,有些厂家为降低成本常缩短腌制时间,生产没有腌透心的"大溏心"皮蛋,俗称"生心蛋",这种蛋打开后蛋黄呈鲜蛋黄的原色,温度高时,容易变质流黑水。

二、食用咸蛋应注意的问题

1. **黑黄蛋**

透视时蛋黄发黑,蛋白呈混浊的白色,这种蛋称为"清水黑黄蛋",此类蛋进一步变质,蛋黄和蛋白全部变黑,成为具有臭味的"混水黑黄蛋"前者可以食用,有的人很喜欢吃,后者不能食用。产生原因是加工咸蛋时,鲜蛋检验不严,水湿蛋、热伤蛋没有剔出;在腌制过程中温度过高,存放时温度高时间过久而造成。防止的方法:严格剔出鲜蛋中的次劣蛋,腌制时防止高温,成熟后不要久贮。

2．混黄蛋

透视时内容物模糊不清,颜色发暗,打开后蛋白呈白色与淡黄色相混的粥状物。蛋黄的外部边缘呈淡白色,并发出腥臭味,这种蛋称为混黄蛋。初期可食用,后期不能食用。产生原因是由于原料蛋不新鲜,盐分含量不够,加工后存放过久所致。

三、食用糟蛋应注意的问题

1．水浸蛋

由于酒糟变质或含醇量不足,使蛋白不能呈胶冻状,仍为流动的水样状,色由白变红,蛋黄硬实,发生变味,这种蛋不能食用。

2．嫩蛋

由于加工时间过迟,糟渍时间不足,气温过冷,使糟蛋不能成熟,蛋白仍为流动的液体,蛋黄已凝结,这种蛋为次糟蛋,补救的办法是将嫩蛋在沸水中煮一煮,使蛋白凝固仍可食用,但失去了糟蛋的固有风味。

第六节　常见谣言辨识

1．人造假鸡蛋流入市场

网上制作"假鸡蛋"视频里异常的鸡蛋或是被冻过,或是因为鸡饲料等原因,但都是真鸡蛋。其实这是一个骗局,目的是吸引别人去"拜师学艺",学费不菲且"关键技术"保密。其实,人造鸡蛋根本无法实现,光蛋壳就难以模仿,比如有气孔、有气室、有卵膜。

2．皮蛋重金属超标不能吃

皮蛋曾被"美国有线电视新闻网"即 CNN 评为了"全球十大最恶心食物",且位居榜首,引起了以中国人为主的皮蛋爱好者们极大不满。我国最大的蛋类加工企业还向 CNN 表示抗议,声明称:皮蛋是中国人民的伟大发明,是用茶叶、食用碱等原料腌制而成的。鲜鸭蛋腌制成皮蛋后,胆固醇含量下降20％以上,蛋白质与脂质被分解,更易被人体吸收。此评选没有科学依据,评选者本人不是皮蛋消费者,并没有亲身感受。为此,CNN 对此事件作出回应,并发表了致歉声明。这件事虽然平息了，但不当舆论却深埋在人们心中，直至现在，还有很多人对皮蛋持"保留"意见。其实，这还是源于大家对皮蛋里含有"铅"的误会。传统的皮蛋，是用生石灰、草木灰、茶叶、食用碱等为原料腌制而成的，不会使皮蛋含铅标超。用生石灰、草木灰、食用碱这些原料做皮蛋，速度慢，效率低，有些人就用"黄丹粉"来做，这能让鸭蛋4~5天变成松花蛋。但是，黄丹粉含铅较高，会污染皮蛋。为此，有关部门研究出另一种物质"乙二胺四乙酸"，用它替代黄丹粉，这既消除了皮蛋含铅的风险，又提高了生产效率。现在，大家在市场上买到的皮蛋含铅量都在国家标准以下。除此之外，皮蛋在转变过程中，其蛋白质变得更易被吸收，拥有比较高的营养价值。吃皮蛋和吃鸡蛋一样，以每天1~2枚为宜。

3. 咸蛋黄做菜更营养美味

咸蛋黄中含有大量的胆固醇，用它烹制菜肴时，需要提前用油煸炒半分钟到1分钟，这样才会使蛋黄融化，香气更浓郁。殊不知，咸蛋黄在煸炒过程中，其中富含的胆固醇在锅底高温和空气中非常容易氧化，形成胆固醇氧化产物。相关研究发现，胆固醇氧化产物会引起人体血管内皮的损伤，诱发动脉硬化，增加突变和致癌的危险风险。此外，高温烹制的同时，部分营养物质损失，因此，在烹制咸蛋黄菜肴时需要把主料先用高温油炸，达到口感外酥里嫩时，用煸炒的咸蛋黄再翻炒入味。

第九章 蜂产品

第一节 概 述

随着全球国民经济的高速发展和人民生活质量的不断改善，蜂产品作为大宗的"绿色产品"和"纯天然营养保健品"，在食疗和药疗领域中的应用日益广泛并发挥着重要作用。这充分说明蜂产品在"回归大自然"的时代潮流中，正在体现出应有的、无可替代的自身价值。

中国养蜂资源丰富，历史悠久。21世纪80年代以来，我国已经成为世界瞩目的养蜂大国，蜂王浆、蜂蜜等主要产品的总产量与出口量均居首位。养蜂技术、蜂产品研究、蜂产品加工与技术、蜂产品综合利用等都处于国际领先水平。

一、蜂产品定义与分类

蜂产品是蜜蜂的产物，按其来源和形成的不同可以分为三大类：蜜蜂的采制物，如蜂蜜、蜂花粉、蜂胶等；蜜蜂的分泌物，如蜂王浆、蜂蜡等；蜜蜂自身生长发育各虫态的躯体，如蜜蜂幼虫、蜜蜂蛹等。

二、蜂产品代表性产品

1. 蜂蜜

蜂蜜是蜜蜂从开花植物的花中采得花蜜，然后在蜂巢中酿制的蜜。蜂蜜分为单花蜜和杂花蜜（混合蜜）两类，能形成一定生产规模的单花蜜品种约20余种，如椴树蜜，枣花蜜，益母草蜜，山楂蜜等。蜂蜜的成分除了葡萄糖、果糖之外还含有各种维生素、矿物质和氨基酸。蜂蜜是糖的过饱和溶液，低温时会产生结晶，生成结晶的是葡萄糖，不产生结晶的部分主要是果糖。蜂蜜主要有清热、补中、润燥止痛、解毒、美容养颜的功效。

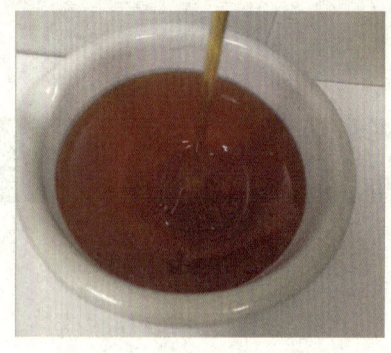

图 9-1 蜂蜜

2. 蜂花粉

蜂花粉是指蜜蜂采蜜时带回的花粉团，在蜂巢内经过储藏和发酵后形成的花粉。蜂花粉是有营养价值和药效价值的物质所组成的浓缩物，它含蛋白质、碳水化合物、矿物质、维生素和其他活性物质。蜂花粉既是极好的天然营养食品，同时也是一种理想的滋补品。

图 9-2 蜂花粉

蜂花粉的种类，主要依据蜜源的粉源来区分，如茶花粉、油菜花粉等。蜂花粉的保健作用主要有：增强人体综合免疫功能、防衰老、美容等作用。

3. 蜂王浆

蜂王浆，又名蜂皇浆、蜂皇乳、蜂王乳、蜂乳，是蜜蜂巢中培育幼虫的青年工蜂咽头腺的分泌物，是供给将要变成蜂王的幼虫的食物，也是蜂王终身的食物。新鲜的蜂王浆含一定量的乙酰胆碱，能对人体的神经系统起到保健作用，蜂王浆内含有泛酸，可改善风湿症和关节症状。蜂王浆能增强人的基础体力，使人体衰老组织活化,服后食欲好,长精神,气色佳。

图 9-3　蜂王浆

4. 蜂胶

蜂胶是蜜蜂从植物芽孢或树干上采集的树脂,混入其上腭腺、蜡腺的分泌物加工而成的一种具有芳香气味的胶状固体物。蜂胶为不透明固体,表面光滑或粗糙,折断面呈砂粒状,切面与大理石外形相似。呈黄褐色、棕褐色、灰褐色、灰绿色、暗绿色,极少数深似黑色。具有特殊的芳香味。蜂胶所含有的丰富而独特的生物活性物质,使其具有抗菌、消炎、止痒、抗氧化等多种功效,现已成为各国科学研究的热点,并成为新兴的保健品备受推崇。

第二节　选购知识

一、购买蜂产品应注意的问题

(1)购买蜂产品时,尽量选择带包装的产品,包装好的产品可避免流通过程中的二次污染,而散装蜂产品则容易受到污染,质量难以保障。

(2)学会看标签标识,选购有正规厂家的产品,产品包装上应标明品名、生产许可证号、生产企业等信息。

(3)查看生产日期,选择保质期内的产品。

(4)选择正规购买途径,尤其是夏季高温季节更应注意,尽量到大商场、大超市去购买,这些场所有正规的商品进货渠道,产品周转快,冷藏的硬件设施齐全。

（5）注意查看储存温度，产品购买之后放在规定的温度储存，比如蜂王浆一定要冷冻保存。

二、如何选购各类蜂产品

1. 如何选购蜂蜜

常用的选购蜂蜜的方法主要包括：

（1）闻味道。真的蜂蜜，是绝对有花香味的。

（2）看气泡。蜂蜜要是没有加工，使劲摇晃，是有气泡产生的，在上层和蜂蜜间都有气泡，比较均匀，并且会持久不消的，这是因为活性酶的原因；加工过后，上层只会有少量的气泡或者没有气泡。

（3）看黏度。真的蜂蜜是半黏稠的，特别是到了夏季，黏度有所增加。

（4）尝味道。真蜂蜜的蜜味比较浓，甜味比较适中，不会太甜，回味时略有酸味和微刺喉的感觉；而假蜂蜜糖分比较多，蜜味比较淡，吃到嘴里都是甜味而没有蜜味。

（5）看标签。仔细查看产品的标签，有的蜂蜜产品配料表中写着蔗糖、白糖、果葡糖浆、高果糖浆等，这对纯蜂蜜也是不允许的。蜂蜜的标签上也只能写什么花的蜂蜜，或者纯蜂蜜。不可能是蜂蜜膏、蜂蜜饮品之类的偷换概念的伪蜂蜜。

2. 如何选购蜂花粉

纯蜂花粉产品在国内外都是以原蜂花团粒经筛选、去杂、烘干、灭菌后包装出售。消费者可以从色、香、味、状态、水分等方面来鉴别。一看色泽：产品上如果明显是某单一花粉，如油菜花粉、向日葵、芝麻花粉，则颜色基本一致，具有固有本种花粉的色泽，如油菜粉呈黄色，向日葵粉呈金黄色。如果蜂花粉不是单一花粉，而是混合花粉，其

图9-4 蜂蜜选购

产品色泽通常是杂色。由于花粉不同,其营养成分也不一样,把各种花粉混合起来,使它的营养更加均衡。二看有无长虫、虫絮和霉变。三看花粉团粒形状,一般花粉团应为扁圆形。四闻有花粉的清香气味,应无异味。五尝味道,应味道香甜,有涩的回味,无异味。六用大拇指挤压,应无潮湿感。

图 9-5　蜂花粉选购

3. 如何选购蜂王浆

对于市场上销售的成品蜂王浆,由于剂型多样,因此较难选购。一般来讲,作为普通消费者,可以从以下几个方面来选购:

(1)新鲜蜂王浆表面有冰凌状,为乳白色和淡黄色。

(2)新鲜蜂王浆有特殊的芳香气味,不会有腐败发酵、牛奶等气味。

(3)蜂王浆解冻后,沾一点涂于手背上,如雪花膏一样细滑并伴有轻微颗粒感的为新鲜蜂王浆,如有特大颗粒的则为不新鲜的蜂王浆。

(4)新鲜的蜂王浆入口有酸、涩、辛、辣味,且回味略甜。

图 9-6　蜂王浆选购

4. 如何选购蜂胶

将蜂胶块放在阳光充足的地方,观察其状态和颜色;打开胶块,立即嗅其气味,尝其滋味,优质的蜂胶呈棕黄色、棕红色,有光泽;有芳香味、口尝味苦,略带辛辣味,燃烧时有树脂乳香气。将蜂胶块放在15℃以下2～3小时,用锤子打开视察其断面,观察在规定的温度范围内蜂胶块的软硬度变化,在同样气温下优等品质地较软。

三、蜂产品食用方法的选择

1. 蜂蜜的食用方法及食用量

冲泡蜂蜜的最佳水温是40～60℃,水温过高会破坏它的有效成分。最佳的3个食用时间段,早晨一杯温白水之后、饭前1～1.5小时、饭后2～3小时。蜂蜜中的葡萄糖和果糖属于单糖,可直接被人体吸收。但如果一次进食蜂蜜量大,就可使血糖快速上升。长时间过量食用蜂蜜,会导致胰岛素分泌不足,易引发糖尿病。正常成人每天食用20~25克为宜。如果因特殊情况用量需暂时增大,一天也应少于50克。

2. 蜂花粉的食用方法及食用量

蜂花粉是一种天然营养保健品,食用时可用温开水送服,也可入口细细咀嚼,或者将蜂花粉与蜂蜜混合搅拌在一起食用,每天服蜂花粉2次,一般在早晚空腹时服用最佳,若饭前服用蜂花粉后胃有不舒服的感觉,则可改在饭后半小时内服用;也可将蜂花粉磨细成粉末,用时按量以水冲服,均可收到满意的效果。蜂花粉的服用量应根据服用者的体质状况及服用目的的不同而异。正常情况下,成年人以保健或美容为目的,一般每天可服用5～10克,强体力劳动者以增强体质为目的或用作治疗疾病,每天用量可增加到20～30克。由于蜂花粉是最为天然的营养品,酌情适量多用一点对人并无妨碍。

3. 蜂王浆的食用方法及食用量

蜂王浆是天然物质,可直接食用并被人体吸收。一般早、晚各一次,常人保健一天不得超过5克,可舌下含服,或用温开水送服,因蜂王浆内有天然活性物质,切勿加热食用,以免营养成分流失。年老体弱及病状较重者,可适量增加,高血压、高血脂、冠心病等心血管疾病患者,以清晨服用或睡前2～3小时服用为宜。蜂王浆的口感特殊,为改善口感和使营养更全面、品质更稳定,可配制成王浆蜜食用。温开水送服,配制的王浆蜜不用时可放在冰箱的冷藏室保存。

4. 蜂胶的食用方法及食用量

蜂胶是一种天然的抗生素,因为并不是药物,所以可以放心食用,是一种保健的良品,可以使用在多种情况。比较常用的方式及用途是每天早晚各一次,其食用量必须根据产品说明的用法和用量食用,不要减量,也不宜加量。

第三节　储运知识

一、蜂蜜的保存

蜂蜜保存宜放在低温避光处,最好放入冰箱内低温保存,不宜阳光直射,通常保质期为 18 个月。由于蜂蜜是属于弱酸性的液体,能与金属起化学反应,在贮存过程中接触到铅、锌、铁等金属后会发生化学反应,因此,应采用非金属容器如陶瓷、玻璃瓶、无毒塑料桶等容器来贮存蜂蜜。蜂蜜在贮存过程中还应防止串味、吸湿、发酵、污染等。为了避免串味和污染,不得与有异味物品(如汽油、酒精、大蒜等)、腐蚀性的物品(如化肥、农药、石灰、碱、硝等)或不卫生的物品(如废品、畜产品等)一同储存。

二、蜂花粉的保存

1. 冷藏储存

将装袋密封的蜂花粉放入冷库贮存,贮存温度在 –1～–5℃之间,即可达到理想的效果。低温贮存效果会更好,新鲜蜂花粉在 –18～–20℃的冷库、冰箱或低温冰柜中,可保存几年的时间不会变质,与刚采收的新鲜蜂花粉(蜂花粉食品)效果基本相同。

2. 常温储存

如实在没有条件而只能常温下贮存时,一定将蜂花粉干燥好,在通风良好干燥条件下贮存。也可将干燥蜂花粉装入已消毒的有色玻璃瓶内,瓶口用蜂蜡封严,避光可保存 6～12 个月。还可将蜂花粉装在布袋内,用 1～3 层塑料袋装好,可保存 2～6 个月。

3. 除氧储存

可以把已贮存蜂花粉的贮存器具或包装袋中的氧气除掉,使微生物不能生存和活动,从而达到保鲜的目的。

4. 加糖储存

加糖贮存,就是将蜂花粉和白糖按 2∶1 混合,装入容器(铁桶或瓷缸)内捣实,然后表面再撒一层 10～15 厘米厚的白糖覆盖,加盖(或用双层塑料布)密封容器口,不使其与空气接触,在常温下可保存 1～2 年不会变质。

三、蜂王浆的保存

蜂王浆营养丰富,并含有许多活性物质,但蜂王浆只有在新鲜状态和储存良好的条件下,才能发挥其特有的滋补保健以及调理疾病的作用。蜂王浆如果储存不当,容易腐败变质失去应有的使用价值。因此,在蜂王浆储存期间,保证其新鲜度格外重要。从影响蜂王浆新鲜度的因素讲,蜂王浆有"六怕",即怕热,怕光,怕空气,怕酸碱,怕细菌和怕金属污染。从光、空气、酸碱、细菌、金属对蜂王浆质量的影响来看, 只要通过一般处理就能解决, 就是避光, 避免酸碱、细菌、金属接触蜂王浆,密封保存蜂王浆。温度影响蜂王浆新鲜度和质量较大,要高度重视。较高温度容易使蜂王浆失去活性,甚至变质。因此,蜂王浆必须低温贮存。在 -2℃以下贮存 1 年左右的蜂王浆质量变化甚微,在 -18℃以下贮存,可达数年而蜂王浆质量稳定。

第四节　污染源分析

目前蜂产品的生产环境遭受着不同来源的污染,对于养蜂人来说,集中处理和排除不同来源的污染很重要。近年来,随着国家对蜂产品质量的重视以及蜂农质量意识的提高,这一问题正逐步得到解决。

一、来自环境的污染源

很多污染物能通过空气、水、植物、土壤以及返巢的蜜蜂直接与蜂产品原材料(花蜜、蜜露、花粉、植物分泌物)接触,从而对蜂产品造成污染,主要有以下几个方面：

1．重金属污染

空气和土壤中都含有重金属，主要来自工厂排放物和汽车尾气，这些都会对蜂群和蜂产品造成污染。铅和镉是其中主要的毒性重金属物质。铅，主要存在空气中，最初来自交通工具中的发动机，它会污染空气，然后通过空气直接与花蜜或蜜露接触；镉最初来自于金属企业及焚烧挥发物，能通过土壤传输给植物，从而污染花蜜或蜜露。只有少部分的镉是通过空气传到花蜜，主要通过植物附近的焚烧物扩散所致。其他重金属如汞和镍目前研究得较少。总体来讲，蜂蜜中铅的含量小，不会带来多大问题。

2．有机污染

国外的研究表明，自然界有机污染物多为多氯联苯，来自1980年前生产的汽油、冷冻剂和润滑剂。这些物质目前仍然存在于自然环境中，并可能污染植物、蜜蜂及蜂产品。

3．农业杀虫剂污染

据报道，曾在部分欧洲蜂蜜中检测出的农药主要包括：有机氯及其异构体，如六六六，氯甲桥萘，六氯萘，异狄氏剂，DDT异构体，硫丹等。很多有机氯已经禁止在农业中使用，但这些先前使用的农药仍然残留在自然界中；有机磷杀虫剂，如氯亚磷，敌百虫及敌敌畏；氨基甲酸酯类杀虫剂，如一类含有氨基的杀虫剂。

4．微生物污染

蜂蜜具有较低的水分活性，能阻止细菌的繁殖，甚至阻止细菌的成活，因此蜂蜜中很少发现病原菌。其他蜂产品中花粉出现细菌污染的问题相对较多，所以很有必要对花粉中的细菌安全问题进行控制。

二、养蜂生产中的污染

养蜂操作中最重要的污染是用于控制各种蜜蜂病害的药物污染。目前，世界上对养蜂威胁最大病害是蜂螨以及各种蜜蜂幼虫病，而为了控制这些病害所使用的药物就成了最大的污染源。

1．杀螨剂

杀螨剂可以分为人工合成和纯天然无毒杀螨剂两种,其中前者药效持久,容易污染蜂产品。

(1)人工合成的杀螨剂:主要是一些脂溶性的,并可残存于蜂蜡中。在使用完这种杀螨剂后,在蜂蜡中富集并对蜂蜜造成污染。一般杀螨剂的残留量取决于使用杀螨剂治螨的次数,使用次数越多,其残留越高。

(2)天然无毒杀螨剂:由于人工合成杀螨剂的残留,很多国家的蜂螨已经对合成除虫菊酯及蝇毒磷产生了抗性。因此,无毒杀螨剂的使用量开始增加,如麝香草酚,乳酸、草酸及甲酸水溶液等有机酸。麝香草酚是一种脂溶性及挥发性物质,这些物质是天然花蜜及植物的组成成分,在蜂蜜中也有发现,但对人体安全无害,在欧盟没有对其最低残留值做出规定。

2. 抗生素

抗生素残留最初来自养蜂管理中治疗美洲幼虫腐臭病(AFB)及欧洲幼虫腐臭病(EFB)所用药物。在欧盟国家很少使用抗生素,如果蜂蜜有抗生素残留则不允许出售。而在其他国家,抗生素被广泛应用。目前常见的抗生素主要有磺胺类药物(磺胺噻唑、磺胺甲基嘧啶、磺胺二甲嘧啶、磺胺嘧啶、磺胺邻二甲氧嘧啶、氨基苯磺酰胺)、氨基糖甙类、四环素、土霉素、氯四环素、脱氧土霉素、氨苯吡啶酮、氯霉素、大环内酯类、β-内酰胺、青霉素类以及硝基呋喃及代谢产物等。

三、其他污染物

一些蜂农使用对二氯苯(PDCB)来控制蜡螟,这些物质能进入蜂蜡中并污染商品蜂蜡,同时也会污染蜂蜜。很多其他有毒物质,如萘曾被用于控制蜡螟,并在蜂蜜中检测出萘残留。另外,用于防止蜂箱腐烂变质的木质保护剂及油漆,如果它们被杀虫剂或杀菌剂污染,也可能会污染蜂蜜。使用化学驱避剂是蜂产品污染的另一个来源。另外,不适当的蜂蜜贮藏方法或长时间用旧蜜桶贮蜜,也可能造成蜂蜜的重金属污染。另一个非常严重的污染源是为控制蜂箱小甲虫而使用的一些化学药剂。据美国的一份研究报告,为控制蜂箱小甲虫而使用蝇毒磷后,蜂蜜和蜂蜡中的残留水平比使用含有蝇毒磷的杀螨剂中的残留水平要高很多。

第五节　消费风险提示

一、蜂蜜消费风险警示

（1）蜂蜜滑肠，适合便秘人群，但肠胃不好、经常拉肚子的人不宜食用蜂蜜。

（2）蜂蜜含糖，中老年人、血糖异常者慎用。

（3）1 岁以下的宝宝不宜食用。

二、蜂花粉消费风险警示

（1）冲服花粉时，切不可用 60 ℃以上的水。

（2）蜂花粉经过蜜蜂和人双重选择，安全无毒。但对于个别严重过敏反应者，请停用或采用逐渐加大服用量的方法，另外，饭后服用也可以减少过敏的发生。

（3）花粉长期存放，应密封置于冰箱内。

（4）蜂花粉具有特殊的辛香味道，不太适口，所以服用花粉贵在坚持。

（5）1 周岁以下的婴儿请勿食用蜂蜜及花粉。

三、蜂王浆消费风险警示

（1）食用蜂王浆时，也有一些饮食禁忌。由于蜂王浆中含有来自花粉的异性蛋白和蜂毒肽，某些人对此易过敏，服用时应注意，过敏体质的人要忌食。还有低血糖者要忌食，主要是由于蜂王浆中有胰岛素样的物质，能增强人体内胰岛素的降血糖作用，会加剧低血糖反应。另外，体虚、便溏、腹泻者也不宜食用。

（2）蜂王浆不能用开水或茶水冲服，因温度过高易破坏其活性物质，茶水中的鞣酸与铁，会降低其疗效。还有一点，就是必须长期服用才能见效。

（3）睡前最好不吃蜂王浆。这是因为，蜂王浆中的糖类物质含量丰富，在进入血管后可使血液黏度上升，人在睡眠中心率减慢，血液流动速度本来就放缓，如果在睡前服用蜂王浆，可能导致局部血液动力异常，造成微循环障碍。

第六节　常见谣言辨识

蜂蜜、蜂花粉、蜂王浆是生活中常见的蜂产品。对这些蜂产品,坊间存在一些谣言,以及购买和使用误区。下面的举例说明,可以让消费者树立正确的认识。

1. 在售"野生蜂蜜"就是纯野生的吗

野生蜂蜜指的是没有人类人为活动干预,完全在纯自然环境筑蜂巢产蜜,被人发现后经采集蜂巢,经过过滤加工以后所得到的蜂蜜。野生蜂蜜确实有,只是数量比你想象的要少得多!现实中,很多人工驯化而成的蜜蜂并不能称为野生蜂蜜,经过人工驯化后,充其量也只是仿野生环境,因为无法排除在驯化过程中为了防止蜜蜂生病可能使用抗生素类药物。同时因为对蜂巢进行了迁移,蜜蜂采蜜的活动范围发生了变化,所以在售"野生蜂蜜"未必真的是纯野生。

2. 哪种蜜蜂产出的蜂蜜好

从蜂蜜的营养价值来说,野生蜂、土蜂和意大利蜂若是采集相同的蜜源,营养价值是一致的。现实情况中,野生蜜一蜜难求,意大利蜂蜜产出高,但是水分大。

3. 起泡的蜂蜜不能喝吗

当储存环境的温度升高时,蜂蜜表层有往往会出现一层泡沫,很多人以为这是蜂蜜发酵变质的表现。其实这主要是因为:当温度升高,蜂蜜中葡萄糖氧化酶的生物活性会增加,会加速将蜂蜜中葡萄糖变成过氧化氢(具有抗菌消炎效果),而过氧化氢在高温下容易分解为氧气,由于蜂蜜较浓稠,很多氧气会积聚在蜂蜜表层,形成白色泡沫。可见,蜂蜜表层有泡沫,不仅能喝,反而还说明蜂蜜中含有丰富的活性酶。不过蜂蜜发酵变质时确实也会产生泡沫,但这时的泡沫往往非常多,气泡粗大,同时,蜂蜜会有很明显的酒味。这样的蜂蜜就不宜食用。

4. 蜂王浆比蜂蜜营养吗

蜂王浆常常被误认为是蜂蜜的一种,而且质量要比一般的蜂蜜要好,其实不然。蜂王浆与蜂蜜可是有着天壤之别。哺育蜂通过摄入蜂蜜、蜂花粉将其营养精华吸收，再通过咽下腺分泌出其中最具营养价值的部分——蜂王浆，用于哺育蜂王与幼虫。蜂王浆的主要成分除了水分之外就是蛋白质。而蜂蜜是蜜蜂采集花蜜混合自身物质酿造而成的天然甜味物质，主要成分是糖分。蜂王浆被认为防治百病的良药，在乡下广为流传。蜂王浆的确很有营养，在保健养生和增强体质方面都有一定效果，较适合大病初愈或体质虚弱人群、患有心脑血管疾病的病人，以及更年期的妇女。

第十章 速冻食品

第一节 概 述

一、速冻食品定义

速冻食品就是将食品原料和配料经适当的加工处理，在温度低于 –30℃ 的条件下进行急冻,食品的中心温度要求在 20~30min 内降至 –5℃,然后再降至中心温度达 –18℃,包装后在 –18℃ 或更低的温度下贮藏和流通的食品。

二、速冻食品分类

速冻食品的消费量在持续增长的同时，其种类也呈现了多元化发展的趋势,新品种层出不穷,越来越受到消费者的欢迎。

按照速冻食品的性质及来源进行划分,速冻食品可分为畜禽类、水产类、果蔬类和面米类。

1. 畜禽类

图 10-1 速冻畜肉

畜禽类,包括猪肉、牛肉、羊肉等牲畜肉,也包括鸡肉、鸭肉、鹅肉和鹌鹑肉等禽肉。不管是牲畜肉还是禽肉,作为速冻食品进行冻结时,都不是胴体肉,而是分割肉。因为胴体肉的冻结速度再快,也很难在 30 分钟内完成冻结。

2. 水产类

图 10-2　速冻鱼

水产类主要指鱼、虾、蟹等海产品以及淡水鱼的精深加工产品。由于水产品捕捞后鲜度下降很快,因此要求冻结速度快,并在更低的温度下冷藏,如金枪鱼的冷藏温度为 -50℃~-45℃,比一般的冷冻食品的冻结温度低得多。

3. 果蔬类

图 10-3　速冻果蔬

果蔬类除水果、蔬菜单体外,还包括水果、蔬菜按照客户要求切分成不同规格的片状、块状、条状、丝状等半成品。果蔬类食品属于植物性食品,当植物性食品冻结速度很慢时,形成的较大颗粒的冰结晶会破坏其组织结构而在解冻过程中造成大量汁液流失。因此,对于果蔬类食品,必须进行快速冻结。速冻水果绝大部分用于制作其他食品,如果酱、果冻、蜜饯、点心、果汁汽水和冰激凌等。水果速冻从加工、保藏到运输、销售都要在冷藏链中进行。

4. 面米类

图 10-4　速冻面米制品

面米类食品是指以米、小麦粉杂粮等粮食为主要原料或同时配以(单一或多种配料)肉、禽、蛋、奶、蔬菜、果料、糖、油、调味品为馅料,经成型、生制(或熟制)、速冻、包装而成的食品,包括速冻水饺、包子、花卷馒头、汤圆等产品。

三、速冻食品特点

1. 卫生质优

经过低温速冻处理的食品,不仅可以对微生物的活动进行有效的抑制,确保食品的安全性,而且能够在很大程度上保持食品原有的色泽和风味,使营养

图 10-5　速冻食品

成分不易流失。速冻食品在加工过程中的每道工序,对于卫生条件都有严格的要求,所以,通常来说速冻食品基本都符合食用卫生标准。

2. 食用方便

速冻食品的产生,可以满足人们食用非应季、非本地区食品的需求。速冻食品都是成品或半成品,因此,食用时仅仅通过解冻和简单加工就可以烹调,节省了做饭的时间,使人们从繁重的家务劳动中解脱出来。对于忙碌的广大上班族来说,速冻食品正好迎合其生活快节奏的特点。此外,速冻食品也成为了中小学生中午用餐的必需品, 更为喜欢其他民族食品的消费者提供了方便美味的食品。

图 10-6　速冻水饺

3. 营养新鲜

根据不同消费者对营养的需求,在进行速冻调理食品配料的时候,可以对食物的结构加以改进,对脂肪、盐、热量、胆固醇的含量进行适当的控制。通过低温快速冻结的方式,食品的细胞内外快速达到冰结晶温度,并且形成许多针状结晶冰,针状结晶冰非常细小。通常慢速冻结会导致冻结膨胀、机械损伤、脱水损害等问题的出现,采用快速冻结,就可以很好地解决这个问题。食品是有机体,而有机体的液汁处于非饱和的状态,进行快速冷冻时,首先是自由水在冰点以下发生冻结,接着非饱和的有机溶液随着温度的下降而不断地浓缩,并以低共熔混合物的形式存在,冻结十分均匀,所以快速冷冻并没有破坏食品的细胞组织,防止了食品营养的流失。

图 10-7　速冻海鲜

4. 冻藏期长

在 -18℃以下,食品内的微生物停止生长和繁殖,低温冻藏抑制了酶的活性,因此其催化作用几乎可以忽略不计。没有了酶的催化作用,食品的生物化学反应也降低到非常慢的速度,甚至基本停止。通常经过速冻方式冷藏的蔬菜在 -18℃低温库中可以保存 12～18 个月,实现长期贮藏保鲜的目的,其保鲜的程度和时间是其他蔬菜保鲜方法遥不可及的。

图 10-8　低温柜

四、速冻食品解冻方法

速冻食品食用起来非常方便,冷冻饺子、冷冻小虾仁等食品不用解冻,从冰箱中取出后就可以直接烹饪。鸡、鸭、鱼、肉等大体积冻制的初级农产品,在烹饪前必须解冻后再切。通常的解冻方便有几种:

（1）低温解冻。将包装袋原封不动地放入冰箱冷藏室内慢慢解冻。

（2）自然解冻。将包装袋放在室内凉爽的地方。

（3）流水解冻。在时间紧的情况下，将包装袋中的空气排出，封好开口并用流水冲泡。

（4）微波炉快速解冻。这种解冻方式一定要先用最低档，再根据食品的状态进行逐步加热，避免时间过长造成食品干燥变硬，汁液流出。

第二节　选购知识

（1）注意销售商店的贮藏条件。速冻食品要求保存在 -18℃以下的冷冻条件下。如果销售商店无冷冻柜或冷冻柜的冷冻温度达不到 -18℃，则产品质量得不到保证，不宜购买。

（2）尽可能购买包装产品。目前，有些商店出售散装的速冻食品。这些食品虽然价格相对便宜，但容易受到污染，不符合食品卫生要求，因此尽可能不要购买散装速冻食品。

（3）注意产品包装。选择包装密封完好、包装袋内产品无黏结、无破损和变形的产品。包装袋内应无或仅少量冰屑。如袋内有较多冰屑，有可能是产品解冻后又冻结造成。不要购买已解冻或解冻后又冻结的食品，这种食品的质量已受到影响。

（4）注意看产品标签。速冻食品的标签除了常规的产品名称、生产企业和地址、生产日期和保质期、净含量、配料表等要求外，还应标明保存条件，生、熟制、食用方法。如果是含馅料产品，还应标明馅料含量。消费者可通过比较标签上的内容，选购到价廉物美的速冻食品。

（5）透过包装袋或者保鲜膜，检查内里食品的情况，包括食品的形状、颜色、完整度，等等。食品完整度要好，不能有缺损压痕，颜色要与正常一样，不能有斑点霉迹。检查保鲜膜外表贴的标签是否有被覆盖，谨防双重标签的速冻食品。检查速冻食品的包装袋或者保鲜膜是否有破损的痕迹，一般而言除了散卖的之外，其他的食品尽量不要有破损。

第三节　储运知识

（1）每次选购应在最后才取速冻食品,购买之后放入保冷袋中,如不马上食用,则要尽快放入冰箱的冷冻室,以免离开冷冻链时间太长,影响产品品质。

（2）解冻食品原则上应该一次性吃完,如果食物的量大无法一次吃完,可以选择保鲜袋分装后进行冷冻,要吃的时候拿出一小袋解冻,真正做到吃多少解冻多少。不要将已解冻过的速冻食品再次进行冷冻,因为反复解冻后的食品品质定不如前。

（3）速冻食品应避免和其他生食放在一起,如新鲜的鱼、肉等,尽量分类存放,否则相互之间传播细菌,会引起食物变质。

4．仔细看速冻食品商品的包装,一般的速冻食品都要求在 −18℃保存,而家里的冰箱大多达不到这个温度,一般只有 −10℃左右。在 −18℃～−25℃之间,速冻食品的质地会比较稳定,如果高于这个温度,保质期相应缩短。所以您家里的冰箱达不到 −18℃的话,速冻食品开封后,最好尽快吃完,否则容易变质。

第四节　污染源分析

在速冻食品生产过程中,原辅料质量、微生物指标、加工处理、食品添加剂、冷藏链等,是该食品最易出现质量问题的几个主要环节,其中任一环节出现问题,都会给速冻调制食品质量安全产生负面影响。

1. 原辅料本身质量不过关

企业生产速冻食品所用的原辅料,必须符合相应的国家标准、行业标准、地方标准及相关法律、法规和规章的规定。如企业生产速冻食品所使用的畜禽肉等主要原料应经兽医卫生检验检疫,并有合格证明。速冻食品采购的原辅料质量达不到要求,原辅料的储存达不到要求,都会导致最终产品的质量问题。

2．微生物指标超标

由于大多数速冻食品通过低温保存,因而会减少甚至不用防腐剂,在速冻食品加工的过程中,操作不规范或是卫生清洁不到位,就会含有一定量的微生物,而如果运输保存过程温度达不到要求,微生物会大量繁殖,对食品的价值和安全性都会造成影响。

3．加工处理

有些中小企业规模小,生产设备简单,无法保证在 30 分钟内使冻结食品的中心温度降至 -18℃,操作过程人员以及设备消毒不到位,贮藏冷库温度达不到 -18℃ 的要求,都对产品的质量产生影响。

4．食品添加剂超标

有些速冻食品的生产过程中也会使用一些食品添加剂,例如速冻汤圆会在馅料中添加一些增稠剂,而在生产过程中加入乳化剂也能起到一定乳化稳定效果,可以有效地改善糯米团中水分的分布,减少游离水,保证在冻结过程冰晶细小,使内部结构细腻,无孔洞,形状保持完好,减少汤圆的冻裂率。但有些企业唯利是图,超范围、超限量使用添加剂,将导致食品安全风险。

5．冷藏链

速冻食品的营养价值能否得到保留,关键在于销售链条中的冷链保存环节,一般要求运输保存过程不能解冻,冻融不仅会影响食品的营养价值,最主要的是微生物会大量繁殖,严重影响速冻食品的安全性。

第五节 消费风险提示

1．速冻食品营养价值打折扣

通过急速低温(-18℃以下)加工出来的速冻食品,食物组织中的水分、汁液不会流失,而且在这样的低温下,微生物基本上不会繁殖,食品的安全有了保证,但食物口感、风味方面的变化却难以避免。更重要的是,速冻后,食物中的脂肪会缓慢氧化,维生素也在缓慢分解。所以,速冻食品的营养价值无法和新鲜的鱼、肉等相比。

我们不妨拿贡丸和新鲜的里脊肉来做个比较。贡丸中的维生素 B_2 只有新鲜里脊肉的 2/3，烟碱酸只有一半，维生素 B_{12} 也剩下不到 1/3。再看看，新鲜的鲭鱼和鱼丸，鱼丸的维生素 B_2 剩下不到 1/10，烟碱酸也仅剩下一半，维生素 B_{12} 剩下不到 1/8。

2．速冻食品会提前过期

图 10-9　商场速冻食品

很多人埋怨速冻饺子的口味不新鲜，却不知道速冻食品在保质期之内不但营养成分有些可能会大量丢失，还可能发生变质。比如，某速冻食品在 -18℃的保存期为 3 个月，但绝不意味着在 -8℃也能保存 3 个月。如果出厂后一直保存在 -18℃，那么 3 个月之内可以放心食用，但如若没有一直保存在 -18℃，那么就不能保证 3 个月之内不发生质变。因为所有的化学和酶反应速度都受温度的影响，一般来说，温度越低，营养素的分解、风味的损失、脂肪的氧化等速度就越慢，产品的品质也就能更长时间保持稳定。

实际上，超市的冰柜口往往是敞开的，人们对各种食品翻来翻去，温度不可能一直保持 -18℃。况且，速冻食品很难在加工、运输等过程中一直保持 -18℃的低温。例如，从超市买回家的途中、家里的冰箱等，都不可能做到 -18℃，如此种种都会破坏速冻食品的营养含量。研究表明，食物在 -1～-8℃ 之间存放，很多维生素的损失比 0～-4℃还要快。

3．高脂肪换来好口感

不少人喜欢吃贡丸、鱼丸等速冻食品，是因为觉得口感不错，但这好口感可是用高脂肪换来的。要维持肉制品最起码的适口性，其脂肪含量不能低于20％。而贡丸、鱼丸的鲜嫩度、多汁性和香味，更是都得依靠脂肪的含量。

均衡的饮食应该是碳水化合物占50％～60％，蛋白质占15％～20％，脂肪占30％以下，而贡丸的脂肪竟然占总热量的72％；蛋饺、鱼饺、虾饺等的脂肪也占总热量的60％～70％不等；冷冻水饺、馄饨的脂肪比例也很高，肉馅多的品种其含油量可达68％。平时，那些不吃饭想减肥的人，喜欢吃贡丸解解馋，其实一不小心也摄入了大量的能量。

4．鱼丸含盐量是五花肉的四五倍

图 10-10　鱼丸

贡丸、鱼丸虽然比不上新鲜鱼肉的鲜美，但吃起来却特别鲜，这是为什么？是因为这些速冻食品中都加入了不少味精和高鲜调味料。煮过速冻食品的人都知道，不用放盐，丸子和汤也会有咸味，这就是速冻食品在制作过程中已经放了较多的盐分等调味料。鱼丸等冷冻食品的盐分是新鲜五花肉的4～5倍，钠含量很高，对高血压、心脏病、肾脏病患者的危害不言而喻。

第六节　常见谣言辨识

1．速冻食品化掉没关系，可塞回冰箱再冷冻

速冻食品食用时我们需要解冻，重新加热，甚至高温烹饪才能食用。于是在解冻过程中会发生两个重要的变化：一个是温度的升高，一个是水活度的升高。当一块 −18℃的牛肉,升温到室温,随着温度和水的活度的升高,各种可以导致食物变质的化学反应都逐渐加速,本来处于冬眠状态的细菌也像迎来了春天一样,纷纷苏醒。常温下只要短短几个小时,就可能让这块牛肉中细菌的数量翻好几倍。这时候如果赶快做成红烧牛肉,还不至引起健康问题,但是如果重新放回冰箱,由于一般家用冰箱冷冻效果有限,通常需要几个小时才能让食品从内到外完全冻住,细菌仍然会利用这段时间发展它们的"人口基数"。另外,这一缓慢的冷冻过程会形成更大的冰晶,造成对牛肉细胞更进一步的破坏。等到下次再解冻的时候,由于更大的"细菌基数"以及破坏得更厉害的牛肉细胞,这块被冻了两次的牛肉,就更容易在短时间内变质了,要是肠胃不好很可能要捂着肚子跑厕所了。因而,对解冻后的食品进行二次冷冻非常不利于食品的保存,食物变质的风险会加大。

图 10-11　电冰箱与速冻食品

2. 无糖汤圆更健康

市场上还有很多无糖汤圆,它们宣称不含糖,不会升高血糖,糖尿病人都可以放心吃。很多糖尿病人对无糖汤圆感兴趣,觉得没有糖就可以放心吃了。还有些减肥者也偏爱无糖汤圆。无糖汤圆真的更好吗?

其实,这可是个很大的误解。如果血糖高或者是糖尿病人,最好还是少吃汤圆,千万不要迷信无糖汤圆。无糖并不意味着低热量,也不意味着血糖反应低。实际上,所谓的无糖食品通常指的只是没有蔗糖,但是,它还有其他碳水化合物,如淀粉,这其实也属于一种糖类。而且,汤圆中的糯米粉升高血糖非常猛烈，比白糖有过之而无不及。哪怕没有加糖，吃它也一样不利于控制血糖，所以糖尿病人要十分小心。

图 10-12　汤圆

3. 火锅丸子吃一次等于 5 颗避孕药

"火锅丸子吃一次等于 5 颗避孕药、10 颗摇头丸"。这是一个夺人眼球的标题，仔细看看内容，无论是文章还是视频都没有出现"避孕药""摇头丸"的字眼，只是对市面上的火锅丸子进行暗访，提及最多的是丸子的含肉量和添加剂。

火锅丸子的含肉量有多少？出于成本考虑，一般的火锅丸子都会添加淀粉、大豆蛋白，用鸡鸭鱼肉代替牛肉，含肉量不等。有人说牛肉丸里用鸡肉、鸭肉不是在骗人吗？其实有关火锅丸子确实是有几个国家标准的，例如 SB/T 10379－2012《速冻调制食品》、SB/T 10610－2011《肉丸》、SC/T 3701－2003《冻鱼糜制品》。但要注意，这几个标准都不是强制性的，严格来说肉丸里放多少肉都是可以的，更何况是否骗人关键要看厂家有没有虚假宣传。根据《食品安全法》，食品和食品添加剂的标签、说明书不得含有虚假内容。如果你是买的带包装的火锅丸子，其名称、配料表中必须如实标识，你可以通过配料表中原料的排位来估计其中的含肉量，越靠前含量越高。不过如果你买的是散装食品，自然就不好推断它的成分了。

火锅丸子可以加入添加剂吗？肉丸要想好吃，除了肉、盐、水、淀粉、大豆蛋白、脂肪的比例有讲究外，还经常用到磷酸盐（所谓的肉脆弹力素、高弹素）、

图 10-13　火锅丸子

卡拉胶、香精、增鲜剂等添加剂。很多人都有一个误区,就是认为添加剂用得多就不安全,其实危害关键是看剂量,具体各种添加剂的使用要求国家是有相关标准的,也有相应的监管,只要在合理范围内使用都是无害的。就既往监测数据来看,肉丸类产品常见不合格的原因分别是细菌超标、山梨酸超标、硼酸超标,这其实也很容易理解。首先,肉类本身就是容易滋生细菌的,过量的致病菌对人体危害很大,所以有些人会考虑在其中添加防腐剂(比如山梨酸),剂量控制不好就会超标。硼砂可以增加食物的韧性脆度,改善保水性等,其急性毒性并不比食盐强多少,所以在传统食品工艺中经常使用。但现代科学发现其正常使用也容易对人体产生慢性毒性,因此各国权威机构都不建议将其作为食品添加剂,要求不得检出。优质厂家生产的牛肉丸,其实控制好生产、运输、储存过程,是完全可以不用防腐剂的,自然也没有这几项风险。另外购买渠道也很重要,例如说一些大型超市,相对来说安全性就会高得多,留好购买凭证,维权也更容易。

到底该不该吃肉丸呢?肯定还是建议买纯肉,自己加工,毕竟相对新鲜、营养流失少而且可以控制总量,配料也更可靠。不过肉丸这种形式也有好处,对于老年人来说,不但容易消化吸收,还能促进食欲。

如果你真的爱吃火锅丸子,建议去买一些带包装、标签标识清晰完整的肉丸,上面按照国家要求会写清楚生产日期、厂家、标准、保质期、储存方法等,这里要注意品名,如果写着"××风味"、"模拟蟹棒"、"×××味丸"这些字样,可能意味着其中的含肉量都会比较低,甚至于没有,这时就要认真看看配料表中的原料了。还可以看一下营养成分表,选择相同热量下钠含量比较低的,这对有高血压等心血管系统疾病的患者来说有好处。

第十一章　罐头食品

第一节　概　述

一、罐头食品定义

罐头食品是指以水果、蔬菜、食用菌、畜禽肉、水产动物等为原料,经加工处理、罐装、密封、加热杀菌等工序加工而成的达到商业无菌(不含有致病性微生物及不含有在常温下能在罐中繁殖的非致病性微生物)的罐装食品。

图 11-1　罐头

罐头食品开罐即食,无需再加工,食用起来方便省时、安全味美、风味独特,使人们能够在一年四季当中品尝到不同季节、不同地域、各式各样的罐头美食。

二、罐头食品分类

罐头食品种类繁多,根据 GB/T 10784-2006《中华人民共和国国家标准罐头食品分类》中按加工原材料、加工或调味方法,将罐头食品分为了以下类别,如表 11-1 所示。

表 11-1　罐头食品的分类

	畜肉类罐头	清蒸类	调味类	腌制类	烟熏类	香肠类	内脏类
	禽类罐头	白烧类	去骨类	调味类		
	水产动物类罐头	油浸类	调味类	清蒸类		
罐头食品	水果类罐头	糖水类	糖浆类	果酱类	果汁类		
	蔬菜类罐头	清渍类	醋渍类	调味类	盐渍类	蔬菜汁类	
	干果和坚果类罐头	如花生米罐头、核桃仁罐头等					
	谷类和豆类罐头	如八宝粥、鸡丝炒面等					
	其他类罐头	汤类	调味类	混合类	婴幼儿辅食类		

　　罐头食品的外延与内涵随着工业的长足发展与进步,也在不断扩大与改进。当传统观念上的罐头继续为我们的生活提供便利的时候,采用新包装材料制成的各种新型罐头食品让我们的生活变得更加的简单与方便。

三、罐头食品代表性产品

1. 谷类和豆类罐头

图 11-2　谷类和豆类罐头

　　由粮谷、豆类、其他辅料等经熬煮加工后密封包装制成,多以马口铁皮罐为罐体,常见产品如八宝粥。此类罐头罐体不易破碎,方便运输,但易与食品或其他物质发生化学反应,抗腐蚀能力较差,成本较高。

2. 水果类罐头

　　由新鲜、完整度好的水果经剥皮、切块等加工预处理,再经酸、碱浸泡、清洗、加热等工艺密封包装而成,多以玻璃罐、新型塑料软罐为包装体,常见产品如橘子罐头、黄桃罐头。此类罐头罐体透明,便于观察选购,成本低,化学性质稳定,抗腐蚀能力强,但运输、搬运要求较高。

图 11-3 水果类罐头

3. 水产动物类罐头

图 11-4 水产动物类罐头

由新鲜的水产动物经宰杀、去内脏等加工预处理,再经烹饪、加热等工艺密封包装而成,多以马口铁皮罐为罐体,常见产品如风味鱼罐头。此类罐头保持了食材烹饪后最原始的风味,开盖即食,省去了食材繁杂的烹饪加工过程,食用起来既营养又方便。

第二节　　选购知识

一、购买罐头食品应注意的问题

罐头生产销售一般要经过生产、包装、运输、储存等几大流程，之后卖给消费者食用。水果、鱼、肉、蔬菜等都可以制成罐头，选购食用起来非常方便快捷，但是在生产、运输、储存过程当中，任一环节出了问题，都可能导致罐内食物腐败变质、不宜食用。要想买到安全放心的罐头食品，就需要在选购时注意以下事项。

1. 一看标签内容是否清晰、完整

对于正规厂商生产的罐头，其标签内容一般都包含有配料表、净含量、固形物含量、执行标准代号、质量等级、保质期等，还应有品名、厂名和厂址。如果标签上字迹模糊不清，项目不全，甚至连生产厂商和厂址都没有，那么这样的罐头是没有质量和安全保证的，建议不要选购。

2. 二看是否在保质期内

在密封良好，储存恰当的情况下，罐头一般可保存 1～2 年。购买时要仔细查看罐体上的商品生产日期，对照罐体标签上厂商给出的保质期，购买在保质期内的罐头，超过保质期的罐头可能发生腐败变质，不宜选购食用。

图 11-5　罐头罐体查看

3．三看罐体形态、内容物状态是否正常

图 11-6　罐头存储条件查看

拿起罐头，首先查看罐头封口及四周是否有漏液现象，如有内容物漏出，千万不要购买。这时的罐头可能由于密封不严或储运不当导致罐体破裂，已经失去了密封保质作用，罐内的食物很可能变质败坏，食用之后不利人体健康。其次观察罐体是否正常，如发现有膨胀、瓶盖凸起、弹性罐或凹罐等现象，建议不要购买，在这种情况下，罐头的内容物极可能已经发生腐败变质。

4．四看存储条件是否符合要求

恰当的存储条件是保证罐头食品品质的重要条件之一。罐头食品一般应存储在阴凉干燥处，避免阳光直射，避免温度过高，有的产品标签上直接注明了存储条件。购买罐头食品时，应注意观察罐头食品的存储环境条件是否满足产品要求，对于存储条件不符合要求的罐头食品，最好不要购买。

二、如何选购各类罐头食品

1．如何选购畜肉类、禽类、水产动物类、谷类和豆类等罐头

畜肉类、禽类、水产动物类、谷类和豆类等罐头常以马口铁皮罐作为罐体。选购时，应当选购罐身无生锈无刮痕的产品。可用手指轻压罐盖或罐底的膨胀圈，如果用力不大就能按下，说明罐内真空度高，产品质量好；如果用大力按不下去，或者按下去后松手又鼓回来的罐头已经胖听变质了，建议不要购买。

图 11-7　马口铁皮罐头

2. 如何选购水果类、蔬菜类、干果和坚果类罐头

　　水果类、蔬菜类、干果和坚果类罐头常以透明的玻璃罐、塑料罐作为罐体。选购时,应选购罐体干净无损,内容物色泽正常、形状规整、无明显气泡、液体清亮的产品。可拿起罐头在明亮的光线下仔细观察,如发现内容物表面有灰褐色斑点,或者是液体浑浊,有较多气泡,多是受霉菌腐败变质或已受致病菌污染,千万不要选购食用。

图 11-8　玻璃罐罐头

第三节　储运知识

　　罐头食品在运输、储藏过程当中可因碰撞、腐蚀等原因而致罐体受损,受损或者储存不当的罐头食品可因微生物污染而腐败变质。选择正确、恰当的储运条件对保证罐头食品的食用安全有着重要的意义。

1. 罐头食品运输应注意事项

罐头食品的运输除有特殊说明之外，一般常温运输即可。运输途中要特别注意温度变化，一旦温度过高，罐内残留的嗜热型微生物就会加快生长繁殖，致使罐头腐败变质。也要注意箱体稳定，避免罐体因剧烈磕碰而发生破碎、破裂、凹陷、刮擦等可能引起食物变质的情况。在运输途中，还要避免罐体接触一些腐蚀性的物质，如铁罐避免与酸、碱、潮湿性物质接触，防止罐体因腐蚀而破损。

2. 罐头食品如何储存

有的罐头食品在罐体上标注了储存条件，可按照其要求条件进行存储。在常温下保存的罐头食品，应保存在阴凉干燥处，避免受潮、受热。在低温下冷藏、冷冻的罐头也要注意分区存放，防止腐蚀。一般含水量少的软包装类罐头可进行冷藏、冷冻储藏；含水量高的玻璃装水果类罐头可进行冷藏储存，但不可冷冻储藏，避免液体结冰时体积膨胀而发生罐裂现象；马口铁皮罐头一般推荐常温保存，冰箱储存时湿度较大，在潮湿的环境中铁皮容易生锈腐蚀；马口铁皮罐头常温保存时除了注意防潮防热外，还要注意防止与腐蚀性物质接触而发生罐体腐蚀。

3. 开罐后怎样保存

罐头食品一旦开罐，外界的微生物就可以迅速地进入罐内，如果不立即处理或处理方法不当，罐内的食品就会快速腐败变质，食用之后会影响人体健康，所以罐头食品开罐之后最好一次性食用完。对于一次未能食用完且无法再封口的罐头，如马口铁皮罐头、塑料罐头、软包装罐头，建议直接丢弃。对于可再次封口的螺纹盖罐头，如玻璃罐头，建议将盖拧紧后放于冰箱中短时间冷藏保存，并尽快食用完。

图 11-9　罐头冷藏

第四节　　污染源分析

微生物污染会导致罐头食品出现胖听、平酸败坏、黑变、发霉和产毒等变质现象,引起罐头食品微生物污染的主要原因有杀菌前原材料污染严重、罐头漏裂和杀菌不足三大方面。

1. 杀菌前原材料污染严重

杀菌前原材料污染严重是导致罐头食品腐败变质的一个重要原因。合格罐头食品在食品原材料的选择上有着非常严格的要求,但不排除有不良厂商为谋取利益,而采用污染严重的劣质原料。以污染严重的劣质原料加工而成的罐头食品,虽然也经过杀菌密封,但其含有的有害微生物含量过高,杀菌能力往往有限,最终可能导致罐头胖听、黑变、产毒、发霉和平酸败坏。

胖听也叫胀罐, 是由于罐内细菌的繁殖产生气体而致罐内气压大于空气压力,在罐体的底部或盖中心位置发生鼓面现象,常见于铁皮罐头。

2. 罐头漏裂

罐头食品在储运过程中可因碰撞、腐蚀等原因而致罐体破裂发生漏裂现象,发生漏裂的罐头失去了原有的密封性,外界的微生物进入罐内繁殖,罐内的需氧型微生物也因获得氧气而生长繁殖,最终导致罐头黑变、发霉、产毒。

发霉是霉菌在食物表面生长繁殖,而使食品变质变色,霉菌菌落一般多呈灰褐色。产毒是由肉毒梭状芽孢杆菌、金黄色葡萄球菌等致病菌生长繁殖过程中所产生的对人体有害的毒素。

3. 杀菌不足

杀菌不足是导致罐头食品腐败变质的一个常见原因。杀菌是罐头食品生产的一个重要环节,如因机械故障未达杀菌条件,或杀菌时间过短,原本存留在罐中的微生物就有可能存活而达不到商业无菌要求。一段时间以后,随着微生物的生长繁殖,罐头出现胖听、黑变、产毒、发霉和平酸败坏等变质现象。

平酸败坏是由嗜热脂肪芽孢杆菌、凝结芽孢杆菌等平酸菌生长繁殖导致的食物酸败现象,常见罐体外观正常(无凸起),开罐后呈轻微或严重酸味。

第五节 消费风险提示

罐头食品食用方便,色香味俱佳,便于携带,确实是人们日常饮食、出差旅游的理想选择性食品。但是由于罐头食品生产加工的独特性,为了保证、增强其自身的色泽、风味,可能会在其中添加一些其他的食品添加成分,食用过量或选购食用不当可能会带来一定的健康风险。

1. 食用过量可能导致健康问题

图 11-10 罐头食品食用量选择

有些罐头食品为增强自身风味,糖分、盐分含量较高。如过量食用含高糖分的罐头食品,过多的糖分被人体吸收以后,由于能量较高,会在短时间内出现血糖升高,胰腺负荷加重,不利健康。如孕妇过量食用高糖分、高盐分的罐头食品还可能增加妊娠糖尿病、水肿的风险。另外部分罐头食品中可能添加的防腐剂、甜味剂、抗氧化剂、着色剂等食品添加剂,过量食用也可能会对人体健康造成一定影响。

2. 选购食用不当可能影响健康

罐头食品在生产、运输、储存当中,受不当因素影响可能腐败变质。如选购食用已被微生物污染而腐败变质的罐头食品,则可能出现食品安全问题。包括致病菌、非致病菌在内的微生物本身或其代谢物可能会极大地影响我们的身体健康。或者是罐头食品开罐放置过久,储存条件不当,有被微生物污染变质的可能,之后食用也可能带来一定的健康风险。

第六节　常见谣言辨识

1．罐头食品没营养

生活中有许多的人认为,罐装的食品放置时间较长,已经不新鲜了,不如现摘现炒的食物有营养。

事实上,像金枪鱼等鱼类,活着的时候非常新鲜,一旦死亡其营养成分就迅速流失。而恰巧这类食物在运输储存途中极易自然死亡,我们一般能买到的都是已经死去了的放在冰箱中保存的。这样的食品买回去自己加工,与成品罐头相比,反而增加了从捕捞到加工的时间,能够得到的营养成分反而更低。

罐头食品在加工时要经过热杀菌(通常120℃左右),类似于蛋白质、维生素等营养成分是会有一定程度的损失。但是我们往往忽略了大多数的食物在经过我们自己的煎炒烹炸加工的时候实际温度已经远高于120℃了,这些食物当中的营养成分实际损耗会比罐头食品还高。

2．罐头食品的材料都是剩料

在许多人心中有这样的观念,认为新鲜的好的食材都直接卖到市场上任人选购了,只有那些剩下的、不新鲜的、有问题的残次品因为卖不掉才用来做成罐头销售。

事实上,罐头食品在食品原材料的选择上是非常严格的,作为果蔬原料不仅要求有良好的营养价值、感官品质、新鲜度、无病虫害、无机械伤,还要求其供应期长、可食部分比例高。对畜禽原料来说,也必须要求其是来自非疫区、健康良好、宰前宰后经兽医检验合格的原料。

当我们去到超市,拿起一罐最普通的水果罐头,透过玻璃罐我们都可以看到,基本上每块水果形态饱满、大小相近,明显是通过精心挑选的,而并非有些人认为的"剩料"。

3．罐头食品不安全

有的人认为罐头食品可以存放长达1~2年的时间,肯定是里面添加了大量的防腐剂,这样的食品吃起来不安全。

事实上,罐头食品能够长时间保存主要得益于它自身密封杀菌的加工工艺,而并非是部分人认为的添加了大量的防腐剂。GB 2760—2014《食品安全国家标准 食品添加剂使用标准》明确规定了只有极少类的罐头允许添加防腐剂,而且必须在限量范围之内。食品添加剂添加量符合国家标准规定的罐头食品是可以放心食用的,正常食用不会影响身体健康。

我国的罐头食品远销欧美等发达地区国家,从管理水平和生产工艺上来讲,罐头食品的质量控制是非常严格的,我们完全可以放心食用,而不用担心有害身体健康。

参考文献

[1]　朱世龙．肉类食品安全知识问答[M]．中国纺织出版社出版,2008

[2]　李怀林．肉禽蛋知识问答[M]．中国标准出版社,2009

[3]　王维红等．肉与水产制品100问[M]．中国质检出版社、中国标准出版社,2014

[4]　许益民．安全优质肉制品的选购与消费[M]．中国农业出版社,2005

[5]　湖南省质量技术监督局食品生产监管处．食品生产许可证审查细则汇编.2011

[6]　焦烨,王维红．食品安全与消费·肉制品篇.2012.12

[7]　国家市场监督管理总局中国食品科学技术学会．如何吃得更安全—食品安全消费提示(2017–2018年)

[8]　GB 2760—2014　食品安全国家标准　食品添加剂使用标准

[9]　赵晋府．食品工艺学．中国轻工业出版社,1999

[10]　王如福,李汴生．食品工艺学概论．中国轻工业出版社,2010

[11]　辛辉．怎样吃才安全不可不知的360种食品安全常识．中国政法大学出版社,2012

图书在版编目（ＣＩＰ）数据

畜禽水产品及其制品选购消费知识 / 向俊主编.
—长沙：湖南科学技术出版社，2019.11
（食品安全消费常识丛书）
ISBN 978-7-5710-0025-7

Ⅰ.①畜… Ⅱ.①向… Ⅲ.①畜产品—选购—基本知
识②家禽—动物产品—选购—基本知识③水产品—选购—基本知识
Ⅳ.①F762.5②F762.6

中国版本图书馆 CIP 数据核字（2018）第 277295 号

食品安全消费常识丛书
XuQin ShuiChanPin JiQi ZhiPin XuanGou XiaoFei ZhiShi
畜禽水产品及其制品选购消费知识

编　　写：湖南省食品质量监督检验研究院
总 主 编：王芳斌
本册主编：向　俊
责任编辑：杨　林
出版发行：湖南科学技术出版社
社　　址：长沙市湘雅路 276 号
　　　　　http://www.hnstp.com
湖南科学技术出版社天猫旗舰店网址：
　　　　　http://hnkjcbs.tmall.com
印　　刷：长沙市雅捷印务有限公司
　　　　　（印装质量问题请直接与本厂联系）
厂　　址：湖南省长沙市天心区暮云工业园湖南友文置业有限公司生产车间 C3 栋 103、104
邮　　编：410007
版　　次：2019 年 11 月第 1 版
印　　次：2019 年 11 月第 1 次印刷
开　　本：710mm×1000mm　1/16
印　　张：9.75
字　　数：265000
书　　号：ISBN 978-7-5710-0025-7
总定价：48.00 元